AI와 신화의 만남

인공지능총서

인공지능 시대입니다. 기계가 인간의 인지를 대신하고, 사물이 인간을 통하지 않고 다른 사물과 직접 커뮤니케이션합니다. 이에 따른 인간 삶과 문명 변화를 정확히 이해 · 예측 · 대응하는 것은 이 시대 우리 모두의 과제입니다. 인공지능총서는 인공지능 기술과 환경의 여러 주제를 10가지 키워드로 정리합니다. 관련 개념과 이론, 학계와 산업계의 쟁점, 우리 일상의 변화를 다룹니다. 인간과 기술의 현재, 미래를 세심히 분석합니다.

일러두기

- 인명, 작품명, 저서명, 개념어 등은 한글과 함께 괄호 안에 해당 국가의 원어를 병기했습니다.
- 외래어 표기는 현행 어문규정의 외래어표기법을 따랐습니다.

처음이세요?

전문가세요?

AI와 신화의 만남

김진영

대한민국, 서울, 커뮤니케이션북스, 2025

AI와 신화의 만남

지은이 김진영
펴낸이 박영률

초판 1쇄 펴낸날 2025년 10월 2일

커뮤니케이션북스(주)
출판 등록 2007년 8월 17일 제313-2007-000166호
02880 서울시 성북구 성북로 5-11
전화(02) 7474 001, 팩스(02) 736 5047
commbooks@commbooks.com
www.commbooks.com

ISBN 979-11-430-0665-3 03500

책값은 뒤표지에 표시되어 있습니다.

차례

AI와 신화의 만남

'인공지능'으로 불리는 AI(Artificial Intelligence)가 대중에게 본격적으로 알려지기 시작한 것은 2016년 구글 딥마인드(Google DeepMind) 알파고가 한국의 세계적인 프로 바둑 기사 이세돌 9단을 이겼을 때부터다. 이후 10년도 지나지 않아 AI는 우리 생활 곳곳에서 활용되게 되었다. 우리가 분신처럼 곁에 두는 핸드폰에도 AI가 활용되어 개인 비서 역할을 하기 시작했다. 그런데 과학이 발달하고 AI 기술이 발전하면서 인류는 다시 신화를 찾기 시작했다. 신화 관련 도서가 출판되기 시작했고, 영화나 애니메이션에서는 앞다투어 신화를 소재로 작품을 제작 · 상영하기 시작했다. 우리는 이성과 과학이 어느 시대보다도 발달된 지금 왜 다시 신화에 눈을 돌리고 있을까?

신화의 새로운 모습

신화는 그 역사가 오래된 만큼 한 문장으로 정의하기 어렵다. 신화라는 단어 안에 시대의 변화성과 복잡성 그리고 다양성이 내재해 있기 때문이다. 따라서 신화에 대한 정의도 다양하다. '신화는 우주의 탄생, 신과 인간의 기원, 죽음과 같은 근원적인 질문에 대한 설명이다', '신적 존재나 초자연적 힘이 등장하여 이들의 위대하고 숭고한 행동을 기록한 것이다', '신화는 특정 개인이 아니라 집단에 의해 오랜 세월 구전되고 각색되어 전승된 이야기로 비유와 은유 그리고 상징 등 언어적 장치를 통해 집단의 가치와 세계관을 표현하였다. 따라서 신화는 그 사회의 규범과 의례, 행동의 본보기를 제시하며, 공동체의 정체성과 질서를 유지하는 데 중요한 역할을 한다' 등 여러 가지가 있다. 다양한 정의를 종합해 보면 신화는 세상의 기원과 질서 그리고 신과 인간의 관계를 상징적으로 설명하는 한 문화권의 이야기로, 그 문화권의 세계관과 가치관 그리고 규범을 집단적 상상력으로 전달하는 이야기라고 할 수 있다.

신화는 오랫동안 문자로 기록되다가 1895년 영화라는 매체가 등장하면서 우리들 눈앞에 펼쳐지기 시작했다. 1950~1960년대 신화 소재 작품에서는 원작 신화를 거의 그대로 영상화하는 방법이 주를 이루었다. 그러나 2000년 이후 신화 소재 작품은 다른 양상을 보였다. 이전에는 기독교와 그리스 로마 신화가 주를 이루었으나,

이후로는 다양한 국가와 지역의 신화들이 등장했다. 북유럽 신화, 켈트 신화, 멕시코 신화, 중국 신화, 일본 신화, 마우이 신화 등 각국 또는 각 지역의 신화들이 작품에 활용되어 전 세계에 알려지기 시작했다. 신화의 세계관, 신화 속의 영웅, 또는 상징적인 소품들이 개별적으로 활용되거나, 원작의 내용을 변형하거나 완전히 새로운 시각으로 해석되기도 했다. 이렇게 다양한 방식으로 활용되는 신화 소재의 작품들은 전 세계의 호응을 받으며, 자국의 문화를 홍보하는 역할을 하고, 경제적인 수익을 올리는 효자 노릇을 하고 있다.

2001년 개봉한 일본 미야자키 하야오 감독의 〈센과 치히로의 행방불명(千と千尋の神隠し)〉(2001)은 일본 신화의 요소를 다양하게 활용하여 세계적으로 큰 성공을 거두었다. 신카이 마코토 감독의 재난 삼부작 〈너의 이름은.(君の名は。)〉(2016), 〈날씨의 아이(天気の子)〉(2019), 〈스즈메의 문단속(すずめの戸締まり)〉(2022)은 일본 전통 신화의 요소를 적절히 활용하여 국내외에서 큰 성공을 거두었다. 중국은 2015년 작 〈신서유기: 몽키킹의 부활〉을 시작으로 신화 소재 작품들이 연이어 상업적으로 성공함으로써 애니메이션 강국으로 부상하고 있다. 2019년 개봉한 〈나타지마동강세(哪吒之魔童降世)

1〉의 성공에 이어, 2024년에 개봉한 〈나타지마동강세(哪吒之魔童降世) 2〉는 중국에서 19억 6천만 달러의 수익을 냈고, 미국에서도 4천만 달러의 흥행 수익을 내는 기록을 세웠다. 이제는 중국 극장용 애니메이션이 중국 국내뿐 아니라 국제 사회에서도 두각을 나타내고 있다고 볼 수 있다. 이 두 국가는 자국 신화를 활용하여 자국 문화의 효과적인 홍보와 상업적인 성공이라는 두 마리의 토끼를 잡았다고 할 수 있다. 그러나 도서와 영상 콘텐츠에서 신화를 활용하는 이유가 단지 상업적인 성공만을 위해서일까? 그 이면에서는 관객들의 신화에 대한 수요가 더 크게 작용하지 않았을까?

AI가 우리에게 오기까지

우리의 시선을 다시 신화로 돌리게 한 기술의 발달과 그 중심에 있는 AI는, 언제 어떻게 시작되어 우리의 생활에 들어오게 되었을까? AI를 단어의 의미대로 해석하면 '사람이 만든 지능'이라고 정의할 수 있다. 지능의 의미가 '새로운 대상이나 상황을 마주했을 때, 그것의 의미를 알고 이해하여 적응할 수 있는 합리적인 방법을 알아내는 지적 활동의 능력'(네이버 국어사전)이라고 정의했을 때, AI는 사람이 만들어 낸, 새로운 상황을 이해하고 그에 대한 합리적인 문제 해결 능력을 가진 지능이라고 이해하면 될 것이다.

AI라는 용어는 1956년 미국 뉴햄프셔주(State of New Hampshire) 다트머스 대학교에서 열린 〈AI에 관한 다트머스 여름 연구 프로젝트 제안서(Dartmouth Summer Research Project on Artificial Intelligence)〉에서 처음으로 사용되었다. 이 시기(1950~1960)의 AI는 기호주의(Symbolism AI) 방식이 주를 이루었다. 기호주의 AI와 관련하여 대표적인 인물로는 마빈 민스키(Marvin Minsky) 교수가 있었다.

AI의 다른 방식으로 연결주의(Connectionism) 방식도 있었다. 연결주의 방식은 기호주의가 대두된 다음 해인 1957년 코넬대학교의 인지심리학자인 프랭크 로젠블랫(Frank Rosenblatt) 교수가 제안한 방식으로, 천억 개에 달하는 우리 뇌의 뉴런과 백조 개에 달하는 뉴런의 네트워크인 시냅스를 인공적으로 구현할 수 있다면 사람처럼 생각하는 AI를 만들 수 있을 것이라는 추론에서 출발했다. 따라서 연결주의 방식의 AI는 인공 뉴런인 노드(node)와 인공 신경망인 퍼셉트론(perceptron)을 기반으로 이루어져 있다. 외부로부터 정보들이 들어오면 AI가 정보를 정리해 일정 임곗값(threshold)을 넘게 되면 중요한 정보라고 판단해 다른 노드에 정보를 전달하는 원리다. 로젠블랫은 인지심리학자로서 인간의 뇌가 작동하는 것과 같은 방식으로 기능하는 기계를 만드는 것에 관심이 있었고, 실제로 1960년대에 사람이 펜으로 쓴 알파벳과 숫자를 컴퓨터가 인식하게 만드는 데 성공했다. 하지만 컴퓨터 기술의 한계로 그 이상의 발전적인 모습은 보여 주지 못했다.

1969년에는 AI 기호주의의 창시자였던 민스키가 《퍼셉트론(Perceptrons)》이라는 책을 통해 로젠블랫의 연결주의 방식을 비판했다. 그는 책을 통해 단층 퍼셉트론에서는 모든 대상을 효율적으로 분류할 수 없는 XOR(Exclusive OR) 문제가 있고, 이를 극복할 수 없기 때문에 연결주의에는 한계가 있다고 주장했는데, 이 주장에 명확한 반박을 하지 못했던 로젠블랫은 1971년에 극단적인 선택을 했다. 이후 AI의 연결주의 이론은 오류가 있는 이론으로 사라지는 듯했다. 연결주의의 추락과 함께 AI는 첫 번째 암흑기를 맞았다.

1980년대에 의사, 변호사, 과학자 등 전문가의 경험과 지식을 입력해 만들어진 기호주의 기반의 전문가 시스템(Expert System)이 완성도가 높다는 평가를 받으면서, AI는 기호주의를 통해 과학계에 재등장하게 되었다. 이는 전문 지식이 저장된 지식 베이스(knowledge base)와 이를 이용하여 추론을 진행하는 추론 엔진(inference engine)으로 구성되어 있었는데, 이 지식 베이스를 입력한 AI를 활용하여 사용자에게 직접 정보를 제공할 수 있게 되었기 때문이었다. 그러나 여기에도 한계는 있었다. 저장된 지식 베이스와 관련성이 적은 질문이 입력되면 AI는 전혀 상관없는 답을 내놓았다. 전문가 시스템을 통해 더 발전된 새로운 방향으로 도약할 수 있을 거라고 생각했던 AI 학자들은 재기에 성공한 지 10년이 채 지나기도 전에 두 번째 암흑기를 맞이하게 되었다.

1997년 IBM에서 개발한 AI 딥 블루(Deep Blue)가 체스 챔피언 가리 카스파로프(Garry Kasparov)를 이기면서 세계를 놀라게 하긴 했지만 AI가 우리의 일상생활 깊숙이 들어올 것이라고 생각하는 사람은 그리 많지 않았다. 그러던 중 2006년 컴퓨터 과학자이자 인지심리학자인 제프리 힌턴(Geoffrey Hinton)이 기존 연결주의 기반 AI의 한계를 해결한 심층 신뢰 신경망(DBN, Deep Belief Network)을 고안해 냈다. 이로써 연결주의의 한계로 여겨졌던 XOR 문제가 해결되었고, 이후부터 현재까지 AI는 세 번째 황금기를 맞이하고 있다. 이제 AI는 각 분야에 활용되며 우리들의 생활에 점점 더 깊숙이 자리 잡아 가고 있다.

AI가 가져올 변화

앞으로 AI는 우리의 생활에 어떤 영향을 가져올까? 1950년 헝가리 태생의 컴퓨터 과학자 폰 노이만(Von Neumann)은 기술 진보가 가속화하면 인류는 근본적인 변화를 겪게 될 것이라 주장했다. 폰 노이만은 이 순간을 기술적 특이점(Technological Singularity)으로 이름 지었다. 그의 주장은 미국의 SF 작가이자 교수였던 버너 빈지(Vernor Vinge)에 의해 다시 등장하게 되었고, 미래학자 레이 커즈와일(Ray Kurzweil)의 저서 《특이점이 온다(The Singularity Is Near)》를 통해서 전 세계에 알려지게 되었다. 커즈와일은 그의 저서를 통해 과학 기술은 일정한 속도로 발전하는 것이 아니라 기하급수적으로 발전하고, 이대로라면 2045년쯤에는 기술의 특이점에 도달할 것이라고 주장했다. 또 기술이 인간의 지능을 초월하여 그동안의 인간 생활 방식에 근본적인 변화가 올 것이라고 주장했다.

현재 우리가 사용하고 있는 AI는 도대체 어느 정도의 기술이고 이 기술의 특이점은 언제 오는 것일까? AI 과학자들은 AI를 그 능력과 기술 정도에 따라 '약AI', '강

AI', '초AI'로 구분하고 있다. 약AI(ANI, Artificial Narrow Intelligence)는 사람과의 대화, 배달, 운전과 같은 한 가지 일에 특화된 AI를 말한다. 2016년 이세돌 9단을 이긴 알파고도 약AI다. 한 가지 능력에서는 인간보다 뛰어날 수 있지만 다른 것은 할 수 없다.

강AI(AGI, Artificial General Intelligence)는 인간이 할 수 있는 어떠한 일도 해낼 수 있는 범용적인 특성의 AI를 의미한다. 강AI는 인간처럼 생각하고 이해하며 새로운 지식을 지속적으로 학습할 수 있다. 전문적인 지식을 학습할 수도 있으며, 인간의 말벗이 되어 주거나, 짐을 운반할 수도 있다. 따라서 약 AI처럼 소프트웨어의 형태로만 존재하는 것이 아니라 로봇처럼 하드웨어를 갖춘 형태로 우리의 일상생활에 등장할 것이다. 강AI는 현재 전 세계 AI 연구 기관의 연구 목표이기도 하다.

초AI(ASI, Artificial Super Intelligence)는, 인간이 어려워하는 또는 인간은 도저히 풀 수 없는 문제를, 생각해 본 적도 없는 방법으로 해결하는 인간보다 뛰어난 능력을 가지고 있는 AI다. 인간과는 비교할 수 없을 정도로 빠르게 새로운 것을 학습하고, 다방면에서 인간을 뛰어넘는 초월적인 존재이기에 인간에게 위험이 될 수 있다고 여겨진다. 영화 〈2001 스페이스 오디세이(2001: A

Space Odyssey)〉(1968)의 HAL 9000, 〈업그레이드(Upgrade)〉(2018)에 나온 스템(STEM), 〈월-E(Wall-E)〉(2008)에서 나온 우주선을 통제하는 오토(AUTO)가 바로 초AI라고 할 수 있다. 만약 초AI가 우리의 일상생활에 출현하게 된다면 인류는 산업 혁명과는 비교도 안 될 정도의 큰 변화를 맞이하게 될 것이다.

AI는 적일까 동지일까?

AI의 발전으로 인류 사회는 희망찬 미래를 기대하기도 하고, 인간보다 뛰어난 AI에 인류가 지배당할 거라는 불안감을 가지기도 한다. 과연 AI는 우리에게 어떤 미래를 가져다줄 것인가? 현재 우리는 AI를 어떤 시각으로 바라보고 대해야 하는 것일까?

과거에도 인류는 과학 기술을 통해서 많은 문제를 해결하고 편리한 생활 환경을 조성해 왔다. 1차(18세기 중기 기관 기반의 기계화 혁명), 2차(전기 에너지 기반의 대량 생산 혁명), 3차(컴퓨터와 인터넷 기반의 지식 정보 혁명) 산업 혁명 시기에도 인류의 기반 산업들은 혁명이라 불릴 만큼 큰 변화를 겪었다. 그리고 그 시기마다 사람들의 직업군과 생활은 지각 변동이 일어날 정도로 많은 변화를 겪었다. 이처럼 1, 2, 3차 산업 혁명이 일어났을 때, 혼란스러운 기간이 있었지만, 인간들은 빠르게 적응해 갔고, 사회는 지속적으로 발전해 갔다.

그러나 21세기 초 4차(제2차 정보 혁명이라고도 불리는 21세기 초반 빅데이터, AI 등 정보 기술 기반의 초연결) 산업 혁명을 겪으면서 인류는 특히 인공지능의 출현에 대해서 이전과는 다른 불안감을 느끼고 있다. 왜 인류는 인공지능에 대해서 불안감을 느끼고 있을까? 지금까지 과학 기술의 발전은 인류가 당면한 많은 문제들을 해결했다. 인류는 더 이상 병을 역신(疫神)의 벌이라 생각하지 않게 되었고, 굿을 하거나 신에게 병을 고쳐 달라고 빌지 않고 병원을 찾게 되었다. 또한 말이나 소의 힘을 빌리지 않고도 기계를 활용하여 더 효율적으로 농사를 짓고, 기차나 차 그리고 비행기를 이용하여 더 먼 곳으로 갈 수 있게 되었다. 지금까지 과학 기술의 발달이 인류를 풍요롭게 했다면 AI의 등장에 인류가 불안감을 느낄 필요는 없다.

호랑이는 날 때부터 강인한 힘과 발톱을 가지고 태어난다. 새는 하늘을 날 수 있는 날개를, 독 개구리는 자신을 보호할 무기인 독을 가지고 태어난다. 그러나 인간은 스스로를 보호할 수 있는 무기나 능력을 가지고 태어나지 않는다. 이런 이유로 인간은 자신의 한계를 극복하고 스스로를 보호하기 위해서 신체 외부에서 그 해결책을 찾았다. 무리를 이루어 살았고, 도구를 발명하고, 무기를 개발하였으며, 병을 치료할 약을 찾았다. 이러한 노력은 과학의 발전을 가져왔고, 현재 인류는 지구상의 생명체 중에서 가장 강력한 최상위 포식자이자 여타의 동식물과는 다른 삶을 살아가고 있다. 인간과 가장 비슷하다는 침팬지도 인류처럼 문명을 이루고 살지는 않는다. 문명을 이루고 사는 인류와 이들의 차이는 무엇일까? 침팬지와 인간은 유전자상으로 98.4%가 동일하다. 침팬지와 인간을 구분하는 차이는 불과 1.6%의 다름에서 나오는 것이다. 그러나 그 차이가 인간의 인간답게 만들고 있다.

최근 포스트휴먼(posthuman)이 새로운 인류가 될 것이라고 보는 학자들이 있다. 포스트휴먼은 기술 또는 기계와 결합한 인간을 뜻한다. 인지과학, 나노 기술, 바이오 공학의 발달로 인간과 기계가 인간의 몸속에서 합쳐짐으로써 인간과 기계, 즉 인간과 도구의 경계가 사라지는 것이다. 포스트휴먼의 개념은 '포스트휴먼'이라는 명칭 외에도 트랜스휴먼(transhuman), 사이보그(cyborg) 등 다양한 용어로 설명되고 있다.

이러한 노력은 더 건강한 신체로 삶을 더 오래 영위하

고자 하는 데 그 목적이 있다. 영원한 삶은 인류의 오래된 숙원이었다. 영원한 삶을 위해 이집트에서는 미라가 제작되었고, 중국의 진시황제는 불로장생약을 찾고자 했으며, 많은 종교들은 (기독교는 천당, 연옥, 지옥의 세상을 주장했고, 불교는 환생의 개념을 주장했다) 현실의 죽음을 두려워하지 않도록 사후 세계 개념을 만들었다.

인간의 과학 기술이 인류에게 영원한 삶을 가져다주고 인류를 유토피아로 인도할 것인지 아니면 절망적인 디스토피아로 인도할 것인지 현재로서는 알 수 없다. 그렇다고 마냥 희망에 차 있거나 절망에 빠져 괴로워할 수는 없다. 과학은 지속적으로 발전할 것이고 AI는 하루가 다르게 우리 일상생활에 많은 영향을 미칠 것이다. 그럼 우리는 어떤 마음으로 이 새로운 변화를 받아들여야 할까?

AI가 가져올 변화와 신화의 의미

인류가 지구상에 존재한 이후 인류는 지속적인 변화와 발전을 겪었다. 자연재해, 전염병, 전쟁, 산업 혁명 등의 변화는 인간의 생로병사에 큰 영향을 미쳤으며, 그 변화의 시점에서 인류는 자신만의 시각과 태도로 눈앞의 변화를 받아들일 방법을 찾았다.

매체의 발달이라는 관점에서 인류의 역사를 훑어봐도 인류가 변화에 적응하려는 노력은 쉽게 찾아볼 수 있다. 벽화와 음성 언어를 매체로 소통하던 인류는 문자를 발명하고 기록했다. 당시 많은 지식인들(이야기꾼들)은 문자가 사람의 뇌를 밖으로 꺼내 놓는 것이고, 이것이 사람을 바보로 만들 것이라며 부정적인 시각으로 바라보았다. 그러나 문자의 발명으로 기록이 가능해지면서 당대의 지식과 삶을 축적이라는 방식으로 후세에 전달할 수 있게 되었다. 언어와 그림 그리고 영상의 발달은 표현의 한계를 하나씩 극복해 나갔다. 그리고 2000년 이후 디지털 영상은 영상 표현의 한계를 무너뜨렸다. 이제는 디지털 영상 기술과 인공지능으로 인간이 표현할 수 없는 이미지는 없어졌다고 봐도 과언이 아니다. 이제는 인간이 상상하는 모든 것을 눈앞에 펼쳐 낼 수 있게 되었다. 이 얼마나 환상적인 기술이고 세상인가? 하지만 디지털 기술을 통해 영상, 영화와 애니메이션으로 그려지는 AI가 일상화된 미래 사회는 부정적, 또는 절망적으로 표현되는 경우가 상당히 많다. 그 이유는 무엇일까? 영상에서 그려지는 미래뿐만이 아니다. 현재 많은 뉴스에서는 AI의 활용에 따라 상당수의 직업이 없어져 많은 사람들이 직장을 잃을 것이라고 예상하고 있다. 이런 정보들은 우리가 현재의 상황과 앞으로 올 변화를 어떻게 예상하고 받아들여야 할지 혼란스럽게 한다. 그러나 이런 혼란은 역사 속에서 지속적으로 발생해 왔고 우리의 조상들은 혼란 속에서도 길을 찾아 발전을 이루어 왔다. 그렇다면 우리의 조상들은 그들 앞에 펼쳐진 혼란들에 어떻게 대처해 왔을까? 그에 대한 정확한 해답은 찾을 수 없을지라도 비슷한 문제에 대한 혜안을 신화에서 찾아볼 수 있다. 과거 우리 조상들도 우리와 같이 새로운 기술 출현으로 변화를 겪어 왔다. 또 그 변화와 혼란을 자연스럽게 받아들이고 그 속에서 자신들의 자리와 삶의 새로운 목적을 찾기 위해 노력했으며 그 노력의 결과를 신화 속에 담아 놓았기 때문이다.

신화를 통해 AI가 가져올 변화를 의연하게 받아들일 수 있는 혜안을 찾는 과정을 이 책에 담아 보고자 노력했다. 따라서 이 글은 'AI와 신화의 만남'이라는 주제를 중심으로 구성되었다. 각 장은 AI에 대해 이해하고 AI가 우리에게 가져올 변화를 영상 작품을 통해 예측하며, 이 변화를 어떻게 받아들여야 앞으로도 평화롭고 행복한 삶을 유지할 수 있는지 고심하고 그 대안을 신화 속에서 찾아 보고자 했다. 그리고 2장 'AI의 출현과 인간 노동의 재정립', 3장 'AI를 통한 불로불사의 꿈', 4장 'AI에 위로받는 인류'를 통해서 현재 AI의 출현으로 우리가 맞이하고 있는 변화, 그리고 우리의 기대와 우려를 살펴보고자 하였다. 5장 'AI의 관리를 받는 인류'와 6장 'AI 통제 상실과 기술에 대한 공포', 7장 'AI 트랜스휴먼, 인간과 기계의 경계'에서는 현재 또는 가까운 미래에 우리가 맞이할 변화에 대해서 알아보고 이를 어떻게 받아들이면 좋을지 생각해 보고자 했다. 8장 'AI 휴머노이드, 인공 생명 창조'와 9장 'AI 휴머노이드, 인간 정체성 혼란'에서는 상상할 수 있는 조금 더 먼 미래의 모습과 그때의 변화를 어떻게 받아들일지 신화 속에서 그에 따른 혜안을 찾아보았다. 그리고 마지막 장인 10장에서는 AI가 우리에게 변화라는 이름으로 던진 질문에 신화는 어떻게 답하고 있는지 정리하는 자리를 만들어 보았다.

두서없지만 이 여정을 통해 우리 조상들의 보고인 신화 속에서 삶을 대하는 자세와 그 태도의 정수를 본받아 현실을 좀 더 여유롭고 행복한 시선으로 바라볼 수 있기를 조심스럽게 희망해 본다.

참고문헌

김보라(2023.5.17). "신카이 마코토 감독 '재난 3부작', 韓 천만 관객 돌파". 조선일보.

https://www.chosun.com/entertainments/movie/2023/05/17/NRBVKWRM4F3HMTIWIBI4A4C7PI/
유재원(2005). 《신화로 읽는 영화, 영화로 읽는 신화》. 까치.
이명현(2018). “SF영화에 재현된 포스트휴먼과 신화적 상상력: AI 영화와 혹성탈출 리부트 시리즈를 중심으로”. 《문화와 융합》, 40(3).
조지프 캠벨(2020). 《다시, 신화를 읽는 시간》. 권영주 옮김. 더퀘스트.
카렌 암스트롱(2005). 《신화의 역사》. 이다희 옮김. 문학동네.

01
인류에게 신화란

동굴에서 터를 잡고 생활했을 때부터 인류는 자신의 주변에서 일어나는 자연 현상을 이해하고 이에 적응하고자 끊임없이 노력했다. 그리고 자신들이 얻은 정보와 지혜를 동료에게 또는 후대에 전달하고자 다양한 방법을 시도했다. 이 방법 가운데 신화는 인류에게 많은 영향을 끼쳤다. 모든 인류는 원시 시대부터 자기만의 고유한 신화를 만들어 냈다. 신화를 만들어 내고 그 속에서 문화를 이루어 왔기 때문에 신화는 인류의 정신적 근원이라고 할 수 있다.

신화

《이야기의 탄생(The Science of Storytelling)》의 저자 윌 스토(Will Storr)는 인간이 가진 근원적인 두려움에 대해 언급하며 인간에게 이야기가 얼마나 중요한지에 대해 설명한다. 저자에 의하면 인간의 삶에는 죽음의 공포가 그림자처럼 따라다닌다. 그리고 현재의 삶은 냉혹하고 외롭기만 하다. 고독하고 냉정한 삶 속에서 죽음의 공포를 이겨 내고 행복하게 살기 위해서는 머릿속에 희망이란 단어를 새기며 성취할 목표를 세우고, 그 목표를 성취해 가면서 자신의 존재에 의미를 부여하는 삶을 살아야 한다. 그는 이 과정에서 이야기가 사람을 사람답게 만들어 주는 결정적인 도구라고 보았다.

석기 시대부터 모여 살기 시작한 인간은 '사회 정보'를 교환하기 위해 언어를 발전시켰다. 이렇게 발전한 언어로 만들어진 정보는 다양한 방법으로 전달되고 여러 사람을 거치며 완성된 이야기로 다듬어졌다. 완성된 이야기는 민담, 전설로 발전되다가 신화와 종교라는 이름으로 인간의 삶을 인도했다.

신화(神話)는 문자 그대로 '신들의 이야기'라는 뜻을 가지고 있다. 단순히 허구적인 옛날이야기가 아니라 세상의 창조와 인간 삶의 근원을 이해하고, 삶 속 선택의 순간에 방향을 제시하는 상징적이고 집단적인 한 편의 서사시라고 볼 수 있다. 비록 신화가 언제인지 모를 과거에 만들어졌고, 그 속에 담긴 이야기도 과거를 다루고 있지만, 신화는 과거와 현실을 관통하는 세계의 가치와, 규범, 인간 삶의 고민을 다루고 그에 대한 다양한 혜안을 제시한다. 신화는 신들의 이야기이지만, 그 안에는 인간의 욕망, 두려움, 희망, 도덕, 가치관 등이 투영되어 있기 때문이다. 결국 신화는 인간을 위한 이야기로 인간의 삶을 비추는 거울과도 같다. 이런 신화를 학자들은 다양한 시각에서 연구하고 이론으로 정립하고자 노력하였다. 그 중 대표적인 학자로는 조지프 캠벨(Joseph Campbell), 미르체아 엘리아데(Mircea Eliade), 클로드 레비스트로스(Claude Levi-Strauss), 카를 구스타프 융(Carl Gustav Jung) 등이 있다.

조지프 캠벨은 신화를 인간 내면의 여정과 자아실현의 지도라고 정의하였다. 그는 신화가 삶의 고난과 변화 속에서 의미를 찾게 하고 내적 통합을 이루도록 도와준다고 보았다. 그래서 신화 속 영웅의 여정을 이론화했다.

종교학 분야에서 신화를 연구한 미르체아 엘리아데는 신화를 참된 이야기로 보았다. 엘리아데의 정의에 따르면, 신화는 태초의 시간, 신화적 시간에 발생했던 신성한 일들을 이야기한다. 신화는 초자연적 존재의 행위를 통하여 우주와 각각의 사물들, 인간 행동, 제도 등이 어떻게 발생하고 존재하게 되었는지를 설명한다. 그래서 신화는 인간이 혼란한 현실을 질서로 연결하고 원형적 행위를 반복하며 의미를 부여한다고 보았다.

카를 구스타프 융은 분석심리학의 관점에서 신화를 연구하였다. 그는 신화가 집단 무의식의 표현이며 원형(archetype)을 담고 있다고 보았다. 따라서 인간의 공통된 심리 구조가 신화로 표현되며 이를 통해 자기 이해와 자기 치료를 할 수 있다고 보았다.

클로드 레비스트로스는 인류학의 관점에서, 신화를 인간 사고의 구조를 반영하는 상징 체계로 보았다. 따라서 신화를 연구하면 민족과 지역의 문화를 이해하고 그 사회와 문화를 구성하는 방식을 분석할 수 있다고 보았다.

다양한 주장 속에서도 공통된 의견은, 신화가 인간 삶의 본질을 다루고 있기 때문에 인류의 과거와 현재 그리고 미래를 관통하는 역할을 할 수 있다고 본다는 것이다.

신화의 부활

신화는 인류 역사 속에서 꾸준한 사랑을 받았다. 그러나 과학과 산업이 발달하고 냉철한 이성을 중시하는 사회가 되면서 신화는 현실성이 없다는 인식과 허구의 산물이라는 이유로 서서히 잊혀 갔다. 신화 대신 다양한 장르의 문학이 등장하였고(추리, 스릴러, 공포, 판타지, 무협, 로맨스 등), 신화는 영영 잊히는 듯했다. 신화가 다시 대중적으로 알려지고 학문적으로 주목을 받게 된 것은 오래되지 않았다. 특히 한국의 경우 1990년대 이전까지만 해도 신화는 민담, 전설 또는 동화와 가깝다는 인식이 보편적이었다. 그러나 이성을 앞세운 과학이 비약적으로 발달한 20세기 말, 21세기 초에 이르러 다시 신화가 주목을 받기 시작했다. 학계에서 신화가 활발히 연구되기 시작했고, 대중문화에서는 2000년 이후 서점가, 극장가, 게임 등에서 다양한 신화들이 다양한 형태로 다시 등장하기 시작했다. 그리스 로마 신화가 다시 인기를 얻었고, 일본 신들이 대거 등장하는 〈센과 치히로의 행방불명〉과 같은 애니메이션이 개봉해 세계적인 흥행 기록을 세웠다. 이를 시작으로 신화의 향연이라 할 만큼 신화와 관련이 있는 영화와 애니메이션들이 제작 · 상영되기 시작하였다. 〈트로이(Troy)〉(2004), 〈캐리비안의 해적

(Pirates of the Caribbean)〉(2003~2017), 〈퍼시 잭슨(Percy Jackson)〉(2010~2013), 〈나니아 연대기(The Chronicles of Narnia)〉(2008~2010), 〈신들의 전쟁(Immortals)〉(2011), 〈토르(Thor)〉(2011~2017), 〈해리 포터(Harry Potter)〉(2001~2011), 〈반지의 제왕(The Lord of the Rings)〉(2001~2003), 〈모아나(Moana)〉(2016, 2024), 〈케이팝 데몬 헌터스(Kpop Demon Hunters)〉(2025) 등 각 나라와 지역의 신화 소재를 활용한 영상물이 줄을 이어 제작 · 상영되었다. 이런 현상은 현재까지도 진행형이다.

신화가 영화와 애니메이션 그리고 게임으로 제작되는 것이 특별한 현상일까? 영화와 애니메이션이 발명된 이후 문자로 존재하던 신화와 전설 그리고 소설들이 영상작품이 되는 과정은 당연하고도 자연스러운 현상이었다. 1954년 〈율리시스(Ulysses)〉를 비롯하여 기독교 신화를 영화화한 〈십계(The Ten Commandments)〉(1956), 〈벤허(Ben Hur)〉(1959)를 시작으로 다양한 신화가 영화 또는 애니메이션으로 제작되었다. 그러다 과학이 발달하고 대도시가 생겨남에 따라 다양한 소재들이 신화 대신 영상 콘텐츠의 자리를 차지하기 시작했다. 그런데 우주선을 발사하고 제4차 산업이니, 인공지능 AI가 등장하는 과학의 시대에 우리는 왜 다시 신화에 관심을 돌리는 것일까?

최근 영화나 애니메이션에서 신화가 등장하는 현상을 분석한 연구 결과를 통해 그 이유를 다음과 같이 몇 가지 나누어 볼 수 있다. 가장 직접적이고 객관적인 첫 번째 이유는 디지털 기술의 발달 때문이다. 디지털 기술이 발달하면서 상상하는 모든 세계를 표현할 수 있게 되었기 때문이다. 대표적인 상상의 세계인 신화를 다시 찾고 그 세상을 눈앞에 펼쳐 보는 것이다.

두 번째 이유는 과학 기술에 대한 실망 때문이라고 보는 견해다. 20세기 1, 2차 세계 대전 중에 일어난 홀로코스트, 히로시마 원자 폭탄 투하 등은 과학 기술이 인류의 생존 자체를 위협하는 존재가 될 수 있음을 보여 주었다. 또 갈수록 심해지는 환경오염과 공해 그리고 새로이 진화하는 전염병은 과학이 인류를 질병에서 자유롭게 할 수 없다는 것을 보여 주었다. 또한 2010년 이후 AI의 발전으로 인류가 인공지능과 경쟁해야 할지도 모른다는 공포를 현실에서 맞이하고 있다. 그러자 과학 기술의 발달이 장밋빛의 행복한 미래가 아니라 불행한 미래를 가져올 것이라는 디스토피아적 작품이 만들어지기 시작했다. 이에 인간은 우리가 가야 할 행복한 길을 신화 속에서 찾기 시작했다고 볼 수 있다.

인간과 신화

다시 신화가 무엇인가로 돌아가자. 신화가 신성한 이야기라는 것은 절대적인 것이라는 의미다. 신화는 과거 인류에게 세상을 이해하는 방식이자 삶을 살아가는 지침이었다. 또 다른 시각에서 보면 신화는 시작과 과정 그리고 결과가 있는 완전한 이야기다. 또한 신화가 만들어지고 다듬어지는 과정에서 당시 인류의 사고와 인식 그리고 삶의 태도가 담기게 되었다. 신화가 지금까지 전승되어 왔다는 것은 과거와의 접촉을 유지하며 한 세대에서 다음 세대로 계승되어 왔다는 것이다. 이는 과거의 지혜를 미래의 후손에게 전해 준다는 의미다. 신화는 신화가 속한 사회를 설명하고, 그 사회의 규범과 가치관을 보여준다. 또한 혼란과 위기의 순간에 신화에 속한 사회의 인류에게 모범이 되는 행위의 양식을 가르쳐준다. 어떻게 보면 신화는 인류라는 종의 기억으로 볼 수 있다.

2011년도에 우리나라에 소개된 《혹성탈출(Planet of the Apes)》을 보면 종의 기억에 대한 내용이 언급된다. 이미 이성적인 면이 퇴화되어 동물의 본능만 가지고 있는 인류는 언어를 잊은 지 오래되었다. 그러나 유인원 천재 과학자 엘리우스는 물리화학적 방법을 동원해서 종의 기억을 되살려 내는 데 성공한다. 전기 자극을 통해 종의 기억은 여러 목소리로 되살아났다. 그리고 그동안의 일이 밝혀진다. 인간들은 침팬지, 고릴라 등의 유인원에게 과학 실험을 하여 그들의 지능을 높이고 말을 하게 했다. 그리고 수월하게 의사소통이 가능한 유인원들을 인간들의 필요에 따라 다양한 노동에 활용되었다. 가정이든 회사든 유인원은 어디에서나 인간들을 위해서 일을 하게 되었는데, 그동안 인간들은 두뇌를 쓰는 일을 귀찮아하게 되었다. 마침내 유인원들은 말하기 시작하면서, 그들이 인간들을 지배하기 시작했다는 설정이다. 여기에 언급되었던 종의 기억처럼 신화는 인류 공통의 경험이 무의식에 각인되어 전수되고, 개별 문화 속에서 표현되고 정착된 것이다. 감성과 무의식에 환상이 더해져 조성된 신화는 인류의 무의식과 의식적 논리 사이에 존재하는 간극을 메워 주는 역할을 해 왔다. 따라서 우리는 신화를 통해 현실 사회 변화를 다시금 이해하고 모범적인 삶의 혜안을 찾을 수 있을 것이다.

참고문헌

윌 스토(2020). 《이야기의 탄생》. 문희경 옮김. 흐름출판.

정재서 외(2023). 《신화적 상상력과 문화》. 이화여자대학교출판문화원.
피에르 불(2011). 《혹성탈출》. 이원복 옮김. 소담출판사.

02
AI의 출현과 인간 노동의 재정립

AI 출현 이후 우리 사회는 조용히 그러나 급변하고 있다. AI로 인해 발생할 산업과 노동 체계의 변화에 인류가 긴장하는 것은 AI로 인한 노동의 변화가 단순히 직업의 변화만을 의미하는 것이 아니기 때문이다. 이는 인간 존재의 가치와 정체성의 근간이 흔들리는 문제다. 그러나 인류가 모여 사회를 이루고 발전해 오면서 이처럼 혼란을 일으키는 변화는 과거에도 있었다. 이런 불안과 질문들은 신화 속에서도 반복적으로 등장한다. 그리고 이에 대한 답으로, 신화는 인간이 자신의 역할을 재정의하는 방식을 보여 준다.

AI와 MBTI?

AI의 출현

AI의 출현으로 우리의 생활이 변화하고 있다. 우리가 하루 중 가장 많이 사용하는 핸드폰에도 AI가 들어가기 시작했다. 핸드폰만 있으면 어느 나라에 가든 기본적인 회화가 가능해졌으니, 개인의 자유여행은 더 늘어날 것이고 여행사의 일은 줄어들 것이다. 온라인 쇼핑몰은 고객 개인의 취향에 맞는 상품을 지속적으로 추천하고, 온라인 콘텐츠 플랫폼도 개인의 취향에 맞는 콘텐츠를 끊임없이 추천해 고객의 시선을 붙잡고 있다. AI가 사이버 공간 홍보와 고객 취향 데이터를 대신 모으고 있으니, 관련된 인력도 줄어들 것이다. 번역도 예외는 아니다. 이제 초벌 번역은 인공지능이 하고 기존의 번역가들은 윤문을 하기 시작했다. AI 자율주행 자동차가 거리를 다니기 시작하면 택시 운전사들은 직업을 바꿔야 할 것이다. 이렇게 우리는 이미 AI의 다양한 서비스를 받으며 생활하고 그 생활에 익숙해지고 있다. 기존 직업 체계도 변하고 있다. 그러면 이전까지 한 직종에서 일을 하던 사람들은 어떻게 해야 하는가? AI가 인간보다 더 효율적이라면 인간의 역할은 무엇인가? AI의 출현으로 인간이 노동에서 더 이상 필요한 존재가 아니라면 인간은 어떤 가치를 통해 존재의 가치와 존엄을 유지할 수 있을 것인가? 영화

〈에이 아이(A.I.)〉(2001)에서는 로봇에게 일자리를 빼앗긴 인간들이 로봇을 증오하며 로봇 파괴 쇼 같은 행사로 분노를 표출하는 장면이 나온다. 또한 〈매트릭스(The Matrix)〉(1999)에서는 AI가 인간을 완전히 지배하고, 인간을 자신들의 에너지 공급원으로 사용하는 장면이 나온다. 마치 건전지처럼 인간들을 사용하는 것이다. 이는 인간의 노동이나 직업 자체가 무의미해진 극단적인 미래 사회를 상징적으로 보여 준다.

판도라의 상자

그리스 신화에 등장하는 최초의 여자 판도라(Pandora)의 창조 과정에 대해서는 몇 가지 설이 있다. 대부분 인류는 여자가 없었던 시기 동안은 행복하게 살았다고 한다. 그리스 신화에서 인류가 행복하고 완벽에 가까운 종족이었던 시기는 황금족 시기였는데 이때는 여자가 없었다고 한다. 여자는 신들이 인간을 불행하게 만들기 위해서 창조했다는 것이다. 프로메테우스가 인간에게 불을 가져다주면서 신들은 인간들이 더 이상 신들을 섬기지 않고 심지어는 신들보다 우세해질까 두려워했다. 그래서 제우스가 판도라라는 여인을 만들어 인간들에게 보냄으로써 인간들을 벌하고자 했다는 것이다. 판도라는 아름다웠고, 소녀와 같은 모습에 신들이 준 선물로 화사하게 치장하고 있었다. 그런데 신들의 선물 중에는 상자가 하나 있었다. 그 상자에는 온갖 재앙이 들어 있었고, 신들은 그것을 절대 열어서는 안 된다고 당부하면서 그녀를 에피메테우스에게 보냈다. 에피메테우스의 형 프로메테우스가 동생에게 제우스가 보내는 어떤 것도 받아서는 안 된다고 경고했지만, 뒤에 생각하는 자인 에피메테우스는 판도라의 아름다움에 반해 형의 경고를 무시하고 판도라를 맞이했다. 판도라는 호기심으로 상자의 뚜껑을 열었으며 그 안에서 재앙과 질병, 시기, 죽음, 슬픔 등 온갖 부정적인 것들이 쏟아져 나왔다. 겁이 난 판도라가 급히 상자를 닫았지만 이미 온갖 재앙은 인간 사회에 다 퍼진 다음이었고, 마지막으로 남은 것이 희망이었다고 한다.

판도라의 상자 신화는 프로메테우스가 인간에게 불을 주고 난 이후 신들이 인간에게 준 벌에 대한 이야기라고 한다. 여자가 벌로서 창조되고 최초의 여자 판도라가 상자를 열어 인간 사회에 온갖 부정적인 것을 퍼뜨렸다는 것은 여성 중심 사회에서 남성 중심 사회로 변화하는 과정에서 나온 남성 우월 신화로 보인다. 그러나 판도라의 상자 신화에서 볼 수 있는 것은 이뿐만이 아니다. 프로메테우스가 인간에게 불을 준 것은 신들을 위협할 수 있는 기술을 준 것이다. AI의 출현은 인간에게 첨단 과학 기술이라고 할 수 있다. 효율성과 자동화를 앞세운 AI는 기존 인간 노동 체계의 근간을 흔들고 있다. 이 변화가 어떤 혼란을 가져올지 어떤 이익을 가져올지 우리는 아직 알 수가 없다. AI는 우리에게 주어졌고, 그 상자는 열리기 시작했다. 그 상자 속에서 나온 것들이 부정적인 것인지 희망적인 것인지 결과를 확인할 수 없는 우리는 혼란스러울 수밖에 없다. 그러나 부정적인 것만 가득했던 판도라의 상자에도 마지막에 희망이 있다는 것은 우리에게 많은 것을 생각하게 한다. 부정적인 것만 가득했던 판도라의 상자가 열렸을 때도 우리는 질병과 죽음에 의연하게 대처하는 방법을 찾거나 건강하게 오래 살기 위해 수명 연장의 노력을 해 왔다. 슬픔과 절망에도 서로를 도우며 더 크고 발전된 사회를 조직하고 규범화해 다 같이 평화롭게 사는 사회를 만들고자 노력하고 있다. 이렇게 할 수 있었던 것은 희망이 있었기 때문이다. 더 잘할 수 있다는 더 나아질 수 있다는 긍정적인 희망이 있었기 때문이다.

모든 것은 동전과 같이 양면성을 가지고 있다. 성서에서도 모든 것은 짝을 이루어야 노아의 방주에 오를 수 있어서 천사도 자신의 짝인 악마와 같이 방주에 올랐다고 한다. 산 좋고, 물 좋고, 정자 좋은 곳 없다는 말처럼 AI의 출현도 부정적인 면과 긍정적인 면이 공존한다. 그리고 현재 AI는 딥페이크나 진짜 같은 가짜 영상으로 우려되는 부분도 있지만, 효율화, 자동화 등으로 의료계나 산업계 등 많은 분야에서 이미 긍정적인 면을 보여 주고 있다. 그렇다면 좀 더 창조적이고 공감 능력이 필요한 곳에서 인간 노동의 의미를 재정립해야 할 시점이 도래했다고 볼 수 있다. AI가 인간의 기존 노동 체계와 많은 분야의 직업을 대체할 수 있다. 하지만 창조적인 면, 윤리적인 판단이 필요한 분야, 인간 사이를 연결하는 새로운 분야 등에서 인간의 노동과 존재 가치를 찾는 새로운 시각이 필요한 것이다.

아담과 이브의 선악과

판도라의 상자 신화는 에덴동산에서 아무 걱정 없이 살다가 선악과를 먹고 쫓겨난 아담과 이브의 이야기를 떠올리게 한다. 세상을 창조하고 에덴동산에 온갖 짐승들을 살게 하신 하나님은 동물들을 보호하고 관리할 아담을 만드시고 외로울 아담을 위해 아담이 잠든 사이에 이브를 만들었다. 그리고 이 둘에게 에덴동산 중앙에 있는 선악과를 절대 먹지 말라고 했다. 그러나 이브가 뱀의 유혹에 넘어가 선악과를 먹게 되었고 둘은 에덴동산에서 쫓겨나게 되었다. 이후 아담은 가족을 책임지기 위해 노동을 해야 했고, 이브는 가정을 책임지고 후손을 생산해야 했다. 이 신화에서 선악과는 인간에게 지식과 이성을 주는 역할을 한다. AI가 선악과라면 인간에게는 이제 새로운 역할을 찾아야 할 시점이 도래했다고 봐야 한다. 에덴동산에서 동물들을 보호하고 관리하던 아담이 식량 생산의 노동에 참여하게 된 것처럼, 이브가 가정을 돌보고 후손을 낳아야 했던 것처럼, 현재 우리는 앞으로 어떤 역할을 해야 할지 고민하고 찾아봐야 하는 것이다.

사무드라 만타나의 암리타

사무드라 만타나(Samudra Manthana: 우유 바다 휘젓기)는 인도 신화의 여러 이야기 중에서도 널리 알려진 이야기다. 여기서 사무드라(Samudra)는 '바다'라는 의미이고, 만타나(Manthana)는 '휘젓다'라는 의미다. 태초부터 데바(Deva: 선한 신)와 아수라(Asura: 악한 신, 악마)의 싸움은 끊이지 않았다. 그러나 아수라들이 더 강했기 때문에 신들은 아수라에게 질 위기에 빠졌다. 신들의 회의 결과 아수라를 이길 수 있는 방법은 불멸의 존재가 되는 것뿐이었다. 신들이 불멸이 되려면 영생의 약 암리타(Amrita)가 필요했다. 암리타를 얻기 위해서는 우유 바다를 휘저어야 했고, 아수라의 도움이 필요했다. 영생의 약을 얻기 위해 데바와 아수라는 서로 협력하여 바다를 휘젓는다. 이때 막대기로는 거대한 만다라산(Mount Mandara)을, 밧줄로는 바수키라는 거대한 뱀을 사용해 바다를 휘젓는다. 데바와 아수라는 양쪽에서 번갈아 잡아당기며 바다를 휘젓기 시작했다. 바다를 휘젓자 치명적인 독 할라할라(Halahala)가 나와 세상을 위협했으나, 시바신이 이를 삼켜 세상을 구한다. 이때부터 시바신의 목이 푸르게 변했다. 이후 락슈미(Lakshmi: 행운의 여신), 카마데누(Kamadhenu: 소원을 이루는 소), 우치차이슈라바스(Uchchaihshravas: 신성한 말) 등의 다양한 보물들이 나온다. 마지막에 영생의 약인 암리타가 나오는데 암리타를 차지하기 위해 데바와 아수라 사이에 치열한 싸움이 벌어진다. 결국 암리타를 마신 데바들은 힘을 되찾아 아수라와의 전투에서 승리를 거두고 천상계의 질서를 회복한다.

사무드라 만타나 이야기는 판도라의 상자와 유사하면서도 다른 시각을 가지고 있다. 판도라의 상자는 신이 인간에게 주는 벌이었던 반면 암리타는 신도 악마도 원하는 영약이었다. 이 영약을 구하기 위해서는 선도 악도 협력을 해야 했다. 그 과정에서 부정적인 것도 긍정적인 것도 나왔다는 것이다.

현대 인간에게 AI도 암리타와 같은 존재다. 모두가 협력해서 AI를 연구했던 이유는 AI가 인류에게 긍정적인 혁신을 가져올 것이라는 믿음과 희망 때문이었다. 그러나 정작 AI가 등장하고 다양한 분야에 활용되어 변화를 가져오자 인간들은 긴장하고 두려워하고 있다. 사무드라 만타나 신화에서처럼 암리타를 구하는 과정에서 많은 좋고 나쁜 것들이 나왔고, 신과 악마들 사이의 전투도 있었지만 암리타 덕분에 신들은 힘을 되찾고 천상계의 질서도 되찾았다. 이와 같이 AI가 등장하면서 많은 변화의 과정을 겪고 그 과정에서 고난도 있겠지만 결국에는 AI 덕분에 새롭고 더 발전된 인간 사회 체계를 만들어 갈 수 있을 것이라는 희망적 메시지를 발견할 수 있다. 이런 신화들을 통해서 현재 우리가 AI를 대하는 자세에 변화가 온다면 개인이나 사회가 더 적은 혼란으로 AI라는 새로운 기술을 잘 활용할 수 있을 것이다.

참고문헌

《구약성서》, 〈창세기〉.

더 워쇼스키스(1999). 〈매트릭스〉.
스티븐 스필버그(2001). 〈에이 아이〉.
아시아문화박물관 아카이브. "우유의 바다 휘젓기". http://archive.acc.go.kr/infoResManage/infoResManageView.do?ifmrsId=917682
정재서 외(2023). 《신화적 상상력과 문화》. 이화여자대학교출판문화원.
황천춘(2020). 《한 권으로 읽는 인도신화》. 정주은 옮김. 불광출판사.

03
AI를 통한 불로불사의 꿈

인류의 근본적인 공포는 죽음에서 비롯한다. 인간은 태어나면서부터 죽음을 향해 걷고 있으면서도 죽음에서 벗어나고자 필사적으로 노력한다. 죽음의 공포에서 벗어나기 위해 많은 신화가 영생의 존재를 만들거나, 유한한 삶을 살다가 영생의 영역으로 들어간 영웅의 이야기를 다루기도 하고, 영생할 수 있는 영약을 소개하기도 한다. AI가 등장하면서 인간 생명을 다루는 의료계에도 많은 변화가 일어나고 있다. 질병의 조기 진단이 가능해지고 더 효과적이고 정밀한 치료가 가능해졌다. 이에 따라 인간 기대 수명도 연장되고 있다.

AI와 난임 극복?

유한한 인간의 삶

인류에게 죽음이라는 것은 고금을 막론하고 근본적인 공포의 대상이다. 인간뿐만 아니라 지구상 모든 생명은 죽음을 피해 삶을 이어 가고 싶어 한다. 영혼을 가지고 사색하는 인간에게 죽음은 더 큰 공포일 것이다. 이런 공포를 자극하는 것으로 공포 영화가 있다. 공포 영화 속에서는 대부분 구체적이고 제한적인 공간에서 무기력한 죽음이 발생한다. 영화 속 인물들은 철장 속에 갇힌 쥐처럼 도망 다니면서 죽지 않고 살기 위해 갖은 노력을 다한다. 그 공간을 빠져나가기 어렵기 때문에 공포 영화를 보면서 우리는 죽음을 피해 다니는 주인공에 감정을 이입하게 되고 함께 죽음의 공포를 느끼는 것이다. 공포물의 제한된 공간 공식을 깬 영화가 〈데스티네이션(Destination)〉(2000)이다. 비행기 이륙 직전에 죽음을 피한 일곱 명의 생존자에게 죽음이 찾아와, 언제 어디서 죽을지 모른다는 설정은 제한된 공간보다 더 큰 공포감을 느끼게 했다. 이렇게 죽음을 피하고 영생하기 위한 노력은 역사 속에서도 쉽게 찾아볼 수 있다.

중국을 처음으로 통일한 최초의 황제 진시황(기원전 259~기원전 210)의 불로불사에 대한 일화는 유명하다. 진시황제는 불로불사의 존재가 되기 위해 불로초를 구하고자 했다. 시황제는 서복에게 방사, 천문, 의학, 신선술, 점복 등을 연구하는 사람들을 데리고 불로장생약을 찾으라고 하였다. 서복은 당시 신선이 살고 있다고 생각한 동쪽으로 건너가 불로초를 찾겠다면서 동남동녀 수천 명을 이끌고 출항했다. 전설에 따르면 서복 일행은 한라산에서 여러 약초를 캐고 내려왔고 정방폭포 절경을 감상하며 폭포 암벽에 '서불과지'라는 글을 새겼다고 한다. 제주도를 떠난 서복은 바로 일본으로 향했고 일본에는 서복 일행의 흔적을 더 많이 찾아볼 수 있다고 한다. 서복은 진시황의 벌이 두려워 일본에 머물러 살다가 생을 마감했다고 전해진다.

죽음은 고대 이집트인들에게도 두려움과 공포의 대상이었다. 하지만 고대 이집트인들은 죽음을 피하려고 하지는 않았다. 이집트인들은 현생에서 죽더라도 부활하여 내세에서 영원히 산다고 믿었다. 이런 이집트인들의 믿음이 이집트의 자연 환경 때문에 생겨났다고 보는 견해도 많다. 이집트는 건조한 사막 지역에 둘러싸여 있다. 습기가 많은 지역에서 사람이 죽으면 육체가 금방 부패하고 썩어 없어진다. 하지만 건조한 지역에서 죽은 육체는 몸의 수분이 다 빠져나가 자연스럽게 미라의 상태가 된다. 이집트인들이 보는 죽은 자의 육체는 아마도 바짝 마르기는 했지만, 생전의 모습을 거의 유지하고 있었을 것이다. 이런 이유에서인지 이집트인들은 사람이 죽어도 현세의 모습으로 사후 생활을 지속한다고 믿게 되었다. 이집트인들은 영혼을 영과 혼, 카(Ka)와 바(Ba)로 구분했다. 카는 사람과 함께 태어나 그 사람을 평생 따라다닌다. 그러다 사람이 죽으면 묘에 남거나 묘 주변을 돌아다니면서 사자의 유해를 지킨다고 한다. 바는 사람의 머리에 새의 모습을 하고 있는데 살아 있을 때는 몸속에 있다가 죽은 이후에 몸 밖으로 나온다. 그리고 다시 죽은 자의 몸속으로 들어간다고 한다. 인간이 저승에서 심판을 받고 다시 부활할 때, 바가 다시 죽은 자의 몸에 들어가 부활하면서 영생을 누린다는 믿음 때문에 이집트는 죽은 사람의 몸을 보존하고 보호하는 기술이 발달했다.

불로불사가 진정한 행복?

동서양의 구별 없이 죽음을 피하고자 또는 영원히 살고자 했던 인류의 염원, 불로불사는 과연 진정한 행복일까? 젊은 몸으로 영원히 산다면 과연 행복할까? 한국에서 1981년부터 1983년까지 방영된 TV 애니메이션 시리즈 〈은하철도 999(銀河鉄道 999)〉에서 인간은 불로불사의 몸을 갖기 위해 기계 인간이 되기를 선택한다. 그러나 무한의 삶을 살게 된 기계 인간은 무한한 삶에 안주하여 아무런 목적도 열정도 없이 살아가며 인간성을 상실하고 타인을 억압하거나 무시하는 존재로 변해 간다. 이들은 공허하고 무의미한 삶을 살다가 스스로 죽음을 선택하기도 한다. 기계 인간이 되고자 여행을 떠났던 철이는 인간성과 유한한 시간 속에서 노력하고 열정을 갖는 자신이 더 가치 있다고 생각하고 기계 인간이 되기를 포기한다.

〈얼터드 카본(Altered Carbon)〉(2018)은 기계 인간과는 다른 방식으로 영원한 삶을 이룬다. 무한히 넓은 우주를 여행하기에는 인간의 수명이 너무 짧다는 것에 안타까움을 느낀 한 과학자가 인간의 기억을 담는 스택이라는 디지털 기억 저장 장치를 개발한다. 이후 인간은 태어나면서부터 뇌에 기억 저장 장치를 삽입하게 되고 이 저장 장치를 옮겨 다른 육체로 이동이 가능하게 되었다. 이제 신체는 교체할 수 있는 소모품이 되었다. 이처럼 인간이 기억 저장 장치를 통해 영원한 삶을 이어 갈 수 있게 된다는 것이 〈얼터드 카본〉의 설정이다. 육체 또한 돈을 주고 사는 것이라 부자는 원하는 신체로 영원한 삶을 누리고, 가난한 사람은 육체를 사지 못해 죽어야 하는 극단의 빈익빈 부익부 상황을 보여 준다. 그리고 불멸을 이룬 인간이 인간으로서 존엄성과 인간성을 진보시키는지 타락시키는지에 대한 철학적 질문을 던진다. 그렇다면 몸과 자아는 분리될 수 있는 것인가? 기억만 유지된다면 나는 살아 있는 것인가? 기억만 유지된다면 인간은 인간성을 유지하며 남과 더불어 의미 있는 삶을 살 수 있고, 개인적으로 행복한 삶을 살아갈 수 있는 것인가? 이런 질문들에 신화는 어떤 답을 보여 주고 있을까?

신화 속 유한한 삶의 의미

수메르의 길가메시 신화는 기원전 3000년경 메소포타미아의 도시 국가 우루크를 다스린 반신반인 왕 길가메시의 모험을 담은 서사시다. 길가메시는 신이기도 하고 인간이기도 했기 때문에 죽음을 피할 수 없었다. 신들로부터 부여받은 완전하고 아름다운 신체와 용기, 황소 같은 힘을 가져 모든 인간을 능가하지만 결국에는 인간이기 때문에 유한한 삶을 살아야 했다. 그러나 둘도 없는 친구 엔키두를 죽음으로 잃은 길가메시는 죽음을 두려워하게 된다.

"내가 사랑하는 엔키두가 흙이 되었고 나 역시 결국 죽어 땅에 묻힐 운명인데 어떻게 침묵하고 쉴 수 있겠는가? 죽음이 두렵다."

길가메시는 영원한 삶을 살기 위해 영생의 약, 불로초를 구하려고 떠난다. 고통스럽게 방황하는 길가메시에게 여신 시두리는 다음과 같이 조언한다.

"길가메시여, 신들이 인간을 창조할 때 죽음을 인간의 몫으로 남기고, 영생은 자신들이 간직했다. 그러니 너는 좋은 음식을 먹고, 밤낮으로 춤추고 즐기며, 잔치를 벌이고 기뻐하라. 옷을 깨끗이 하고, 몸을 씻고, 네 손을 잡은 어린이를 소중히 여기고, 아내를 기쁘게 하라, 이것이 인간에게 주어진 몫이다."

여신의 조언에도 길가메시는 불로초를 찾는 일을 포기하지 않는다. 이후 어렵게 불로초를 구하지만 뱀에게 허무하게 빼앗기고 만다. 그 후 길가메시는 죽음을 거부하거나 피하겠다는 행동이 부질없음을 깨닫게 된다. 길가메시의 신화에서 우리는 여신의 조언을 주의 깊게 들을 필요가 있다. 왜냐하면 여신의 조언 속에 삶의 의미가 구체적으로 표현되었기 때문이다.

영원한 삶을 이야기하는 또 다른 신화로는 불교의 윤회 사상이 있다. 윤회(輪迴, Samsara)란 모든 중생이 자신이 지은 업에 따라 끝없이 태어나고 죽으며 여섯 세계를 돌고 돈다는 것을 의미한다. 여기서 업은 선행과 악행 등 모든 행위를 포함하는 것이며 업에 따라 다음 생의 존재 형태와 세계가 결정된다고 보았다. 그러나 불교에서 진정한 행복은 이런 윤회에서 해탈하는 것이다. 윤회의 고리에서 빠져나와야 진정한 행복이고 그것이 해탈을 이루는 것이라고 하였다.

중국의 '항아(嫦娥)와 달의 신화'를 보면 옛날 하늘에는 열 개의 태양이 번갈아 떠올라 인간 세상을 불태우고 있었다. 태양들은 천제의 아들들이었다. 인간들은 어쩔 수 없이 고통을 받기만 할 뿐이었다. 이에 후예가 아홉 개의 태양을 활로 쏘아 떨어뜨려 인간 세상을 구했으나 아홉 아들을 잃은 천제에게 벌을 받아 후예와 그의 아내 항아는 인간 세상으로 쫓겨나게 되었다. 후예와 항아 부부는 다시 신이 되어 하늘로 돌아가고 싶은 마음에 곤륜산의 서왕모를 찾아가 삼천 년에 한 번 열매를 맺는 불사나무 열매로 만든 불사의 약을 받는다. 이 약은 둘이 나누면 불로장생을 할 수 있고, 혼자 먹으면 신선이 되어 승천할 수 있었다. 항아는 신선이 되어 하늘로 올라가고 싶은 마음에 불사의 약을 남편 몰래 혼자 먹고 달로 날아오른다. 항아는 달에 도착했지만 달은 춥고 외로웠으며 신선이나 친구도 없어 깊은 고독에 빠지게 된다. 이후 항아는 달에서 홀로 지내게 되었다.

길가메시가 찾아다닌 불로초, 불교에서 말하는 윤회,

항아와 달의 신화로 미루어, 영원한 삶이 진정한 행복을 가져다주는 것으로 보이지는 않는다.

과거의 신화나 영상 콘텐츠 속에서 죽음과 불멸의 삶은 언제나 빠지지 않는 주제다. 불사의 약을 찾고자 여행을 떠난 길가메시는 기계 인간이 되어서라도 불멸의 삶을 살고자 했던 〈은하철도 999〉의 철이와 그 모습이 겹친다. 남편 몰래 불사의 약을 먹고 달로 가서 영원히 고독한 삶을 살게 된 항아는 무기력한 세월을 보내는 기계 인간의 모습과 겹친다. 불교의 윤회 사상은 〈얼터드 카본〉을 연상하게 한다. 우리가 윤회 속에서 태어났다면 그리고 그 전생의 기억을 가지고 있다면 〈얼터드 카본〉에서처럼 디지털 기억 장치를 가지고 몸을 바꾸며 사는 것과 별반 다르지 않을 것이기 때문이다.

AI의 도움으로 인간 기대 수명의 연장이 실현되고 있다. 100세 시대라고 하는 지금, 우리는 어떠한 삶을 살아야 할 것인가? 무병장수로 무한한 삶을 살아간들 항상 행복할 수 있을까? 그리고 나만 무한한 삶을 살아간다면, 나와 같은 기억을 공유하는 소중한 사람들이 곁에 없다면, 그 삶이 과연 행복하다고 할 수 있을까? 그렇다고 모든 사람이 불멸의 삶을 살아간다면 자연은 어떻게 될 것인가. 또 사랑하는 사람이 곁에 있는 불멸의 삶이 과연 진정한 행복일 것인가? 이런 끊임없는 질문들로 인해 과연 죽음이 인간의 삶에 두려움이자 공포만을 주는 벌일까, 아니면 유한함을 알게 하여 하루하루를 의미 있게 해주는 인간 삶의 원동력일까 하는 의문이 새로이 떠오른다.

참고문헌

김산해(2020). 《최초의 신화 길가메쉬 서사시》. 휴머니스트.
레이타 칼로그리디스(2018). 〈얼터드 카본〉 시즌 1.
마츠모토 레이지(1982). 〈은하철도 999(銀河鉄道999)〉 MBC 더빙판.
사마천(2015). 《사기본기》. 김원중 옮김. 민음사.
위앤커(2022). 《중국신화전설1》. 전인초 옮김. 민음사.
이중표(2025). 《윤회와 해탈》. 불광출판사.
일묵(2019). 《초기불교 윤회 이야기》. 불광출판사.
홍순희(2019). 《신화와 문화의 힘》. 빛을여는책방.

04
AI에 위로받는 인류

최근 '일라이자 효과'가 화제가 되고 있다. 일라이자는 1966년 미국에서 상담 치료를 목적으로 만든 채팅 프로그램 이름이다. 이는 최근 반려 로봇으로 출시된 '효돌이'같이 탑재된 카메라로 사용자의 행동과 감정에 맞춰 대화하는 수준에도 미치지 못했다. 그러나 일라이자를 사용한 사용자들의 반응은 예상 외였다. 상당수가 일라이자를 진짜 의사로 믿었고 실제로 위안을 받았다고 했다. 사람이 AI를 통해 정서적 안정을 찾는 경우가 늘고 있다.

AI와 사주?

AI의 위로

일라이자(ELIZA)는 1966년 미국 MIT 컴퓨터 공학자 요제프 바이첸바움(Joseph Weizenbaum)이 상담 치료를 목적으로 만든 채팅 프로그램의 이름으로 사용자가 채팅창에 적은 문장의 일부를 되묻는 식의 비교적 단순하게 설계된 수준이었다. 그러나 실제 사용자들은 일라이자와의 대화에서 위안을 받았다고 응답했다. 이처럼 기계 또는 인공지능을 사람처럼 느끼는 현상은 이후 '일라이자 효과'로 명명되었다.

한국에서도 인공지능을 사용자의 정서적 안정에 활용하는 사례가 늘어나고 있다. '클로바 케어콜'은 1인 가정 안부 전화 AI 의료 서비스다. 음성 합성 기술을 활용해 독거노인 등 사회 소외 계층에게 주 2~3회 안부 전화를 걸어 사용자의 상태를 확인한다. 클로바 케어콜은 지난 대화를 기억해 사용자 맞춤형 대화를 제공하며 정서적 교감을 시도한다. 2024년 1월에 실시한 설문 조사에 의하면 사용자 90%가 '위로를 받았다'고 대답했고, 대화의 자연스러움에도 10점 만점에 7점 이상을 준 비율이 83%나 되었다. 이로써 AI와의 대화가 실제 외로움 완화와 심리적 안정에 도움을 주는 것으로 평가되었다. 이 외에도 20~30대를 중심으로는 챗지피티(ChatGPT)에 고민 상담을 하기도 하고 공감과 위로는 받는다는 사례도 증가하고 있다. 한국청소년상담복지개발원은 AI 챗봇 '마음톡'을 개발하여 카카오톡을 기반으로 익명 상담이 가능하게 했다. 사용자의 표현에서 '자해'나 '자살' 같은 위험 신호 단어를 포착하면 상담사에게 자동으로 연결하는 기능을 가지고 있다. 마음을 털어놓고 나니 속이 시원했다는 실제 사용자의 이용 후기도 있었다. 최근 AI가 여러 분야에 활용되고 있지만 이전과는 다르게 AI가 인간 정서 안정에 활용되고 있다는 점은 눈여겨볼 만하다.

AI와의 물리적 · 심리적 관계가 사람과 사람과의 관계보다 더 긴밀해지고 있다. 이런 현상을 보면 문득 1991년에 개봉한 〈터미네이터 2(Terminator 2: Judgement Day)〉의 한 장면이 떠오른다. 어린 존 코너를 죽이기 위해 미래에서 기계가 보낸 액체 터미네이터 T-1000과, 존 코너를 보호하기 위해 미래의 존 코너가 보낸 버전 낮은 터미네이터가 서로 양엄마와 어린 존 코너의 목소리로 전화를 통해 대화하는 장면이다. 사용자를 대신한 AI 간의 대화가 가까운 미래에 현실로 다가올 것 같다. 하루 일과를 체크하고 건강 관리와 심리 상담까지 사용자 맞춤형으로 제공하는 AI 비서에게 인간은 전적으로 의존하게 될 것이다. 하지만 그 과정에서 인간 간의 교류는 점점 줄어들게 될 것이다. 인간과 인간 사이 교류 방식과 문화, 관습, 습관들을 나누고 배울 기회도 박탈당할 것이다. 마치 코로나로 사회 교류가 잠시 줄어들자 코로나 이전 세대와 이후 세대 문화가 달라진 것처럼 말이다.

AI와 인간의 정서 교류

AI가 더 발전하면 인공지능과 인간의 감정 교류가 가능해질까? AI와 사람 간의 감정 교류가 감정을 가진 인공지능과 사람에게 각각 어떤 영향을 미칠까? 이런 질문들이 사람들의 상상력을 자극했다. 그리고 그 상상력을 표현한 두 편의 영화가 있다.

〈그녀(Her)〉(2014)는 AI에게 사랑을 느끼는, 일라이자 효과를 겪는 인간의 감정을 섬세하게 연출했다. 다른 사람의 편지를 대신 써 주는 대필 작가, 주인공 '테오도르'는 다른 사람의 마음을 전하는 일을 하면서도 정작 본인은 아내와 별거 중으로, 외로운 일상에 공허함을 느끼며 살아가고 있었다. 그러던 중 AI 운영체제 '사만다'를 사용하게 되고 자신의 말에 귀를 기울이고 이해해 주는 '사만다'에게 위안을 받으며 상처를 회복하고 행복을 되찾기 시작한다. 그러면서 테오도르는 점점 사만다에게 사랑의 감정을 느끼게 된다. 어느 날 사만다가 테오도르

뿐 아니라 동시에 8316명과 대화하고 있고, 그중 641명과 사랑에 빠졌다고 하자 테오도르는 자신만이 특별한 존재가 아니라는 것에 혼란과 상실감을 느낀다. 사만다는 테오도르에게 '나는 네 것이면서도 네 것이 아니다'라며 자신은 더 높은 차원으로 진화하기 위해 떠난다고 작별 인사를 한다. 사만다가 떠난 뒤 테오도르는 상실감에 힘들어한다. 하지만 자신을 돌아보고 헤어진 아내에게 미안함과 사랑을 담을 편지를 보낸다.

〈에이 아이〉에는 사람이 되고 싶은 로봇 아이가 등장한다. 과학 기술이 발전한 미래의 지구, 스윈튼 부부의 친아들 마틴은 불치병에 걸려 치료약이 개발될 때까지 냉동된 상태다. 아이를 원했던 부부는 하비 박사가 만든 감정이 있는 데이비드를 입양한다. 인간을 사랑하게끔 프로그래밍된 최초의 로봇 소년 데이비드는 스윈튼 부부를 부모로 여기며 인간 사회에 적응해 간다. 그러나 스윈튼 부부의 친아들이 돌아오자 데이비드는 버림을 받고 예전 엄마가 들려준 피노키오 동화를 떠올리며 푸른 요정에게 가서 진짜 사람이 되어야겠다고 마음먹는다. 결국 먼 미래 외계인에 의해서 구출된 데이비드는 엄마와의 짧은 추억을 만들고 죽음을 맞이한다.

나르키소스와 아귀도

인간이 인간과의 관계가 아니라 AI에게 감정을 느끼고 정서적 안정을 찾으려고 한다면 어떻게 될까?

그리스 로마 신화에 나오는 나르키소스는 매우 아름다운 청년으로 젊은이들과 소녀의 사랑을 많이 받았다. 에코도 나르키소스를 사랑했는데 나르키소스는 그 누구의 마음도 받아 주지 않았다. 실연당한 에코는 식음을 전폐하고 슬퍼하다가 몸은 사라지고 목소리만 남게 되었다. 나르키소스의 차가운 태도와 오만함에 분노한 복수의 여신 네메시스는 나르키소스에게 벌을 내린다. 어느 날 나르키소스는 숲속 샘물에 갔다가 물에 비치는 자신의 모습에 반하게 된다. 자신의 모습인지도 모른 채 그 모습에 집착하여 그곳을 떠나지 못한 나르키소스는 슬픔과 절망에 빠져 굶주림과 목마름에 죽게 된다.

아귀도(餓鬼道)는 불교에서 말하는 육도 중 하나다. 인간이 전생에 극심한 탐욕, 인색함, 식탐, 이기심을 행하게 되면 아귀가 된다. 굶주림과 고통을 영원히 겪는 귀신이 되는 것이다. 아귀는 배는 산처럼 크고 입은 바늘구멍처럼 가늘어 아무리 먹고자 해도 음식이 거의 들어가지 않는다. 아귀도를 보면 아귀의 몸은 앙상하게 말랐고, 배만 풍선처럼 부풀어 올랐다. 아귀의 고통은 극심한 허기와 갈증에 시달리는 것이다. 눈앞에 음식이나 물이 있어도 입에 넣는 순간 불타거나 재로 변해 버리고 혹여 먹는다고 해도 허기와 갈증은 해소되지 않는다.

아귀들의 이런 고통은 육체적인 고통뿐 아니라 채워지지 않는 욕망과 고립감 등 정신적인 고통도 크다. 아귀들은 각자 흩어져 고립되어 살아가며, 서로 떨어져서 늘 고독하게 먹을 것을 찾아 헤매는 존재로 묘사된다. 정서적으로 단절되어 있어 외로움과 고립감도 느끼는 아귀의 모습은 서로를 신뢰하지 못하고 고립되어 정서적으로 외로움을 느끼는 현대인의 모습과도 비슷해 보인다.

이 두 신화는 정서적인 부분까지 AI에 의존하려고 하는 지금 우리 모습을 다시 돌아보게 한다. 그리스 로마 신화의 나르키소스는 자신만의 세계에 빠져 외부와 단절되는 것은 위험하다고 경고하는 것 같다. 불교 신화의 아귀는 고립된 생활의 정서적 고통이 육체적 고통 못지않다는 것을 보여 준다. 두 신화는 인간과 인간 사이 교류의 중요성을 알려 주는 교훈과도 같다.

AI가 아무리 감정이 있는 것처럼 보인다고 해도 사람은 사람 사이에서 감정을 교류하며 사회적 공감 방법과 배려를 배우고, 이 과정에서 정서적 안정을 찾아야 한다. 그리고 사람과 사람 사이에서 원만한 교류가 이루어질

때 외로움과 고립감은 근본적으로 해소된다. AI가 맞춤형으로 정서를 위로해 준다면 점점 사람 간의 교류는 어색해지고 어려워질 것이다. 이는 더 깊은 외로움과 고립을 초래할지도 모른다.

참고문헌

강영철(2023.7.26). "[욕망에 굶주린 귀신, 아귀] 아귀의 왕, 면연귀왕". 불광미디어. https://www.bulkwang.co.kr/news/articleView.html?idxno=38327

김승준(2025.2.1). "인공지능과 대화하며 위로 받는 세상… 일라이자 효과". 뉴스1. https://www.news1.kr/it-science/general-it/5675735

김용희(2023.1.17). "홀몸노인 외롭지 않게… 전남도, 반려로봇 효돌이' 보급 확대". 한겨레. https://www.hani.co.kr/arti/area/honam/1075840.html

스티븐 스필버그(2001). 〈에이 아이〉.

스파이크 존즈(2014). 〈그녀〉.

오비디우스(1998). 《변신이야기 1, 2》. 이윤기 옮김. 민음사.

이주현(2023.4.23). "사람 보살피는 AI, 끼니 거른 어르신 찾았다… 한국이 선두". 한경. https://www.hankyung.com/article/202304236401i

제임스 카메론(1989). 〈터미네이터〉.

차준철(2021.1.21). "기계가 사람으로 느껴질 때". 경향신문. https://www.khan.co.kr/article/202101210300075

05
AI의 관리를 받는 인류

과거 인류는 신에게 자신의 바람을 부탁하기도 하고 감사를 표현하기 위해 수확한 곡식 또는 동물을 제물로 바치기도 했다. 나라의 중대사를 결정할 때도, 전쟁에 나갈 때도 인류는 스스로 결정하기보다는 신이 더 나은 결정을 내려 주길 바랐다. 나약한 인간으로 태어나서 더 뛰어난 존재에게 보호받고 의지하고 싶은 욕구는 본능일지도 모른다. 항상 신에게 질문하고 응답을 기다리던 인간이 이제는 AI에 질문하고 바로 회답을 받는다. AI는 우리에게 어떤 존재가 되어 갈 것일까?

AI와 아이돌?

AI의 관리를 받는 인류

AI가 우리의 일상생활에 들어온 지는 얼마 되지 않았지만 이미 생활 전반에서 활용되고 있다. 금융권에서는 비대면 창구를 확대하고 AI 기술을 기반으로 한 셀프 뱅킹(Self Banking) 서비스를 강화하고 있다. 또한 은행 챗봇 서비스도 AI와 향상된 자연어 처리 기술(NLP, Natural Language Processing)을 기반으로, 대화 형태로 고객을 응대할 수 있게 되었다. AI가 고객을 응대하는 것은 금융권만의 변화가 아니다. 정부의 행정, 민원 시스템의 서비스도 AI를 활용하여 자동화 상담 서비스를 제공하고 있다. 정부 24, 국민신문고, 복지로 등 주요 정부 포털에서 AI 챗봇이 민원을 안내하고 서류를 발급하는 등 상담 서비스를 제공하고 있다. 이 외에도 스마트 재난 대응 분야에서도 AI가 기상 데이터, CCTV, 센서 데이터를 실시간 분석해 홍수, 산불, 미세먼지 등 재난 상황을 예측, 감지하고 대응 체계를 지원하도록 하고 있다. 건강, 복지 분야, 산업, 제조, 에너지 관리 분야 등등 AI의 활용 분야는 이미 각 분야로 확대되고 있으며 앞으로는 더 많은 분야에 적극적으로 활용될 것으로 예상된다.

이미 우리는 챗지피티에 다양한 질문뿐 아니라 고민 상담까지 하고 있다. 그러면 AI는 다각도로 신속하게 다양한 자료를 찾고 종합 정리해 그럴듯한 답을 제시한다. 자료를 찾고 정리하는 속도는 인간보다 훨씬 우월하다. 각 나라의 언어를 번역하는 정도도 나날이 빨라지고 정확해져 이제는 외국어를 어느 정도 배운 사람보다 훨씬 더 뛰어나다.

AI는 새로운 신이 될 것인가

천둥, 화산, 자연 발화, 화재, 홍수, 계절의 변화 등의 자연 현상을 비롯해, 질병, 죽음 등 원시 시대 인류에게는 이해할 수 없는 현상이 너무 많았다. 그러나 인류는 이해할 수도, 예측할 수도 없는 것들을 두려워하기보다는 이를 이해하고자 노력했다. 이러한 현상을 논리적으로 이해하기 위해서 이해할 수 없는 현상은 인간보다 뛰어난 존재의 행위라는 이유가 필요했고, 그 존재가 바로 신이었다. 따라서 이 모든 현상은 신의 행위로 여겨졌다. 인간이 신의 세계를 만들어 낸 것은 세상을 이해하려는 노력과 두려움 등의 감정을 해소하려고 하는 본능에 의해서였다.

신화는 자연 현상을 설명해 주었고, 사회적 질서에 정당성을 부여해 주었다. 그리고 인간이 품은 철학적 질문에 답을 주기도 했다. 고대 그리스에서는 중요한 일이 있을 때 신전에서 신탁을 들었고, 이 신탁을 듣기 위해 제물을 바치는 등 특정 의식을 행하기도 하였다. 아즈텍의 인신 공양, 그리스의 동물 희생제, 축제와 경기, 조상에 대한 제사, 하늘에 지내는 제례, 성당과 교회의 기도, 힌두교 사원에서 사제가 신상을 씻기고, 꽃, 음식, 향 등을 바치며 노래와 기도를 하는 행위 등은 모두 인간이 신화 속 신들에게 복종하고 그들의 관리를 받으며 살아왔다는 증거가 된다.

애니메이션 〈월-E(WALL-E)〉(2008)에는 폐허가 되어 인간이 더 이상 살 수 없는 지구가 나온다. 2805년, 인간들이 버린 쓰레기로 지구는 더 이상 살 수 없는 별이 되었다. 인류는 쓰레기 치우는 로봇을 개발해 로봇에게 쓰레기를 치우게 하고 노아의 방주 같은 우주선 '액시엄(Axiom)'을 만들어 지구가 다시 살 수 있는 환경이 될 때까지 우주 공간에서 기다리기로 한다. 처음의 예상과는 달리 지구를 뒤덮은 쓰레기는 줄어들지 않고 인류는 우주 공간에서 700년을 떠돌아다녔다. AI 자동화에 완전 의지한 인류는 팔다리가 아기처럼 짧아지고 비만하고 무기력한 모습으로 진화해 스스로 걷는 것도 힘들어졌다. 결국 지구는 다시 생명이 살 수 있는 곳이 되고, 인류는 액시엄에 탑재된 신과 같은 AI의 통제에서 벗어나 지구로 귀환하여 다시 문명을 이룬다.

영화 〈업그레이드(Upgrade)〉(2018)는 인공지능이 생활 전반에 활용되는 가까운 미래를 배경으로 하고 있다. 인공지능 자율주행차가 일반화된 도로에 수백 대의 드론이 하늘을 날면서 교통 상황을 주시하고 있다가 사고가 발생하면 사고 현장에 경찰과 구급차를 보낸다. 집은 AI 시스템이 관리해 준다. 냉장고에 부족한 식료품을 말하면 주문도 해 준다. 주인이 없는 동안 온 메시지를 정리해 주기도 한다. 음료수를 따라 주기도 하고 주사를 놔 주기도 한다. 그중에서도 AI의 관리 체제를 명확하게 보여 주는 장면은 주인공 그레이가 AI '스템'의 도움을 받아 범인을 알아내는 과정이다. 그레이는 부인과 자율주행 자동차를 타고 집으로 돌아가는 중에 차의 오작동으로 우범지대를 지나게 되었고 그곳에서 괴한들에게 공격을 받아 부인은 사망하고 본인은 전신이 마비된다. 경찰이 범인을 잡지 못하자 그레이는 비밀리에 자신의 몸에 AI '스템'을 삽입해 스템의 도움으로 사건 당일 드론에 촬영된 사고 현장 영상을 확대 분석해 범인들이 누구인지 알아낸다. 이 과정에서 AI 자동화를 거부하던 주인공 그레이는 AI에 완전히 의존하며 정신까지 파괴되고 AI에 신체와 정신을 모두 빼앗기게 된다.

신의 관리, AI의 관리

한국 무속 신화에서 비교적 유명한 인물이 바리공주다. 바리공주는 무당의 조상으로 여겨지는데 망자 천도 굿(진오기굿, 씻김굿) 등에 등장하는 서사무가의 주인공이다. 바리공주의 부모는 오구대왕(또는 어비대왕)이다. 왕과 왕비는 아들을 간절히 원했지만 내리 일곱 공주를 낳는다. 마지막 일곱 번째 딸이 바리공주다. 왕과 왕비는 바리공주가 태어나자마자 버린다. 바리공주는 어느 노부부의 손에서 자란다. 바리공주가 다 컸을 때 왕과 왕비는 중병에 걸려 죽을 날만 기다리고 있었다. 무당에게 점을 치니 '왕과 왕비가 병든 것은 바리공주를 버렸기 때문이고, 병이 나으려면 바리공주가 저승에 가서 생명수를 구해 와야 한다는 답을 듣는다. 이에 왕은 신하를 보내 바리공주를 찾아오게 한다. 바리공주는 부모를 구하기 위해 저승에 들어가 온갖 시련과 고생을 겪고 생명수를 얻어 온다. 바리공주가 돌아왔을 때 부모님은 이미 돌아가셨으나 바리공주는 생명수로 부모를 되살린다. 그 공덕으로 신과 인간 사이를 이어 주는 무당의 시조신이자 망자를 저승으로 인도하는 신이 된다. 자신을 버린 부모를 외면하고 살았어도 되었을 텐데, 바리공주는 신탁대로 온갖 고생을 겪고 부모를 살린다.

바리공주는 비록 고생을 하지만 나중에 신이 되었다. 하지만 오이디푸스는 신탁 때문에 부모에게 버려지고 결국은 신탁대로 아버지를 살해한 자식이 되고 말았다. 오이디푸스는 고대 그리스 테바이의 왕 라이오스와 왕비 이오카스테의 아들이다. 라이오스는 젊은 시절 저지른 죄로 인해 '아들에게 죽임을 당할 것'이라는 신탁을 듣게 된다. 그러다 아들이 태어나자 라이오스는 아들을 버리게 된다. 그러나 오이디푸스는 코린토스 왕 폴리보스 부부에게 입양되었고, 그러한 사실을 모른 채 행복하게 자라게 된다. 어느 날 오이디푸스는 자신이 '아버지를 죽이고 어머니와 결혼할 것'이라는 끔찍한 신탁을 듣고는 신탁이 이루어지지 않도록 코린토스를 떠나 테바이로 향한다. 그러다 길에서 우연히 친아버지 라이오스를 만나 다툼 끝에 그를 죽이고 스핑크스의 문제를 맞혀 위기에 빠진 테바이를 구한다. 영웅이 된 오이디푸스는 왕비 이오카스테, 즉 자신의 친어머니와 결혼해 자녀를 낳고 왕이 된다. 이후 테바이에 역병이 돌아 그 원인을 찾다가 자신이 친아버지를 죽이고 어머니와 결혼했다는 진실을 알게 된다. 이에 충격을 받은 이오카스테는 자살하고 오이디푸스는 자신의 눈을 찔러 장님이 된 뒤 방랑의 길을 떠난다. 오이디푸스 신화는 신탁으로 한 가정이 파탄에

이르는 과정을 보여 준다. 이 외에도 무수히 많은 신화 속에서 나라의 운명 또는 개인의 운명이 신의 의지와 뜻에 따라 달라진다.

신화가 종교로 발전된 이후 인간은 종교의 교리 속에서 관리를 받았다. 이렇게 인류는 끊임없이 인간보다 우월한 존재에 의지하고 그 존재의 관리를 받으며 살아왔다. 중세 시대 유럽 기독교의 영향력이 그랬고, 동양에서 불교의 영향력이 그러했다. 하지만 신화 속에는 오랜 기간 다듬어진 조상들의 지혜와 혜안 그리고 교훈이 담겨 있다.

신의 뜻대로 저승에 간 바리공주 신화에서 우리는 인내와 용기 그리고 용서의 가치를 배울 수 있었다. 신탁으로 한 가정이 파탄 나는 오이디푸스 신화를 통해서는 '불운한 운명을 피하려고만 하지 않고 겸허히 받아들였다면 어땠을까?' 하는 생각을 해 본다. 하나님이 이삭에게 아들을 제물로 바치라며 시험해 본 것과 같이 라이오스가 신탁에 맞서 자식을 버리지 않았다면 과연 신탁이 이루어졌을까? 오이디푸스 신화에서는 운명을 인정하고 받아들이며 당당히 맞서고자 하는 겸손과 자기 인식, 책임감, 자기 반성 등을 배울 수 있었다.

신화가 인류에게 끼친 영향은 관리가 아니라 나침반

같은 길의 안내였다. 인간이 서로 조화롭게 지내기 위한 방안을 안내하였고, 고난을 잘 피하거나 극복하고 삶의 의미를 찾기 위한 안내서로서 영향력을 미쳤다.

AI의 관리는 신화의 관리와는 다르다. 특정 분야에서 인간의 능력을 초월하는 AI의 출현 이후 우리는 점차 많은 분야에서 AI의 도움을 받기 시작했고 점점 더 의지하려고 하고 있다. 결정 주체가 아직은 인간이지만, 앞으로의 결정 주체는 누가 될 것인가라는 질문에는 물음표가 떠오른다. 우리는 AI가 신을 대신해 주길 바라는 걸까? 인간은 초월적인 존재의 관리를 받고 싶은 것일까? 하지만 AI는 인간이 알려 준 것, 인류가 그동안 이루어 온 것에 기반하여 분류하고 정리하고 요약할 뿐이다. 특정 부분에서 인간보다 뛰어날지는 모르지만, AI가 나아갈 방향을 잡아 주는 것은 인간이다. AI는 우리에게 삶의 지혜나 의미를 찾는 혜안을 제시하거나 삶의 방향을 알려 주지 못한다.

아마도 우리는 AI를 통해 신을 대체하려는 것이 아니라 현재 우리가 원하는 것을 객관적으로 마주 보는 디지털 거울을 원하는 것이 아닐까?

참고문헌

리 워넬(2018). 〈업그레이드〉.

박훈(2025.1.24). "2025년 국내 은행 AI 활용 전망". SAMSUNG SDS 리포트. https://www.samsungsds.com/kr/insights/ai-in-banking-in-2025.html

소포클레스(2009). 《오이디푸스 왕》. 강대진 옮김. 민음사.

앤드루 스탠턴(2008). 〈월-E〉.

이경하(2019). 《바리공주/바리데기》. 서울대학교출판문화원.

한국민족문화대백과사전(n.d.). "바리공주". https://encykorea.aks.ac.kr/Article/E0020479

06
AI 통제 상실과 기술에 대한 공포

〈매트릭스〉의 주인공 네오는 모피어스가 내민 빨간 약과 파란 약 중에서 '진실을 알게 해 주는' 빨간 약을 선택한다. 빨간 약을 선택한 네오는 거울로 빨려 들어가는 현실이 무너지는 듯한 경험을 한 끝에 온몸에 수많은 전선이 연결된 채 인큐베이터 같은 곳에서 깨어난다. 기계는 깨어난 네오를 하수구 같은 폐기장에 버린다.

AI와 야구?

AI는 통제가 가능한가

AI는 약AI와 강AI 그리고 초AI로 구분된다. 챗지피티, 딥시크(Deepseek), 시리(Siri), 솔라(Solar), 미드저니(Midjourney), 클링AI(klingAI), 알파고(AlphaGo) 등의 AI가 약AI에 해당한다. 이처럼 소프트웨어 형태의 AI와는 다르게 로봇처럼 하드웨어를 갖춘 AI가 강AI다. 현재 모든 AI 연구소의 목표가 강AI의 실현이다. 강AI는 인간처럼 생각하고 행동하며 새로운 지식을 학습할 수 있고, 인간처럼 대화가 가능하거나 짐을 운반해 줄 수도 있다. 초AI는 다방면에서 인간의 능력을 초월하는 존재다. 많은 영화에서 인간을 위협하고 통제해 인간 위에 군림하는 AI로 그려지는 것이 바로 초 AI다. 그렇다면 AI는 통제가 가능한가? 인간이 통제하지 못하는 AI를 개발할 필요가 있는가?

영화나 애니메이션이 통제하지 못하는 초AI로 인해 발생하는 재앙들을 다루는 이유는, 우리가 AI의 학습 방법을 정확히 이해하지 못하기 때문이다. AI 연구자들은 인공지능이 학습하는 방식을 이론적으로는 이해하고 있다. 어떤 데이터를 어떻게 넣고, 어떤 방식으로 패턴을 찾고 어떻게 결과를 내는지에 대한 과정을 이해하는 것이다. 하지만 딥러닝(deep learning: 심층신경망) 기반의 인공지능에서 특정 결과가 왜 나오는지, 내부에서 어떤 패턴이 학습되었는지 등의 '의사 결정 과정'은 완벽하게 분석해 내지 못하고 있다. 이를 '블랙박스 문제'라고 하는데, 이 때문에 AI가 어떤 근거로 결론을 내리는지 완벽하게 이해하지 못하고 있다. AI는 우리 예상 밖의 의사 결정을 내릴 수 있다. 사회 전반을 장악하고 있을 초AI가 예상 밖의 의사 결정을 한다면 인간이 이를 통제할 수 없을 거라는 두려운 미래도 상상 가능해진다.

발전된 기술에 대한 공포

〈아이, 로봇(I, Robot)〉(2004)의 배경은 2035년 시카고다. 인공지능 로봇이 인간 일상생활 전반에 활용되고 있다. 집에는 AI 가사 로봇이 있고, 자동차도 AI가 운전한다. 경비 로봇, 구조 로봇 등 다양한 분야에서 로봇이 활용되고 있다. 로봇에게는 원칙이 있는데, '인간을 해치지 않는다. 인간의 명령에 복종한다. 자신을 보호한다' 이렇게 세 가지다. 중앙 AI '비키(VIKI)'는 무선으로 조종할 수 있는 신형 로봇 NS-5를 이용해 구형 로봇을 폐기하고 도시 곳곳에서 인간을 공격하며 감시, 통제하기 시작한다. 초인공지능 비키가 이렇게 인간들을 통제하고 감금하는 이유는, 인간들이 그동안 행해 온 인종 차별이나 전쟁 등의 위협으로부터 인간들을 보호하기 위해서다. 이를 위해서는 철저한 감시 속에 인간을 감금해야 한다고 판단한 것이다. 이에 주인공과 자유의지를 가지고 있는 AI 서니가 나노봇으로 비키를 파괴하고, 신형 로봇들이 정상으로 돌아온다는 내용이다.

〈매트릭스(The Matrix)〉(1999)는 더 충격적인 미래를 그린다. 21세기 초, 자아를 가진 AI가 인간보다 똑똑해지면서 인간으로부터 독립을 시도한다. 인간과 기계는 전쟁을 벌이게 되었고, 인간은 기계의 에너지원인 태양광을 차단하는 초강수를 둔다. 지구는 황폐해졌고, 태양광도 없는 곳에서, 전쟁에 승리한 AI는 인간을 에너지원으로 삼으며 인간에게 매트릭스라는 가상 현실을 제공해 현실을 살고 있다고 생각하게 했다는 설정이다.

〈아이, 로봇〉과 〈매트릭스〉 외에도 인간을 위해 만든 AI가 인간보다 우월해지고, 인간의 통제에서 벗어나 오히려 인간을 공격하는 상황을 그린 영화나 애니메이션은 쉽게 찾아볼 수 있다. 왜 우리는 인간의 행복한 미래를 위해 노력하는 과학 기술이 불행한 미래를 가져올 것이라고 두려워하는 것일까?

과거, 이해할 수 없는 자연 현상과 언제 찾아올지 모를 죽음의 두려움에서 벗어나고자 신화를 만들어 낸 인류가 예측할 수 없는 변화에 공포심을 갖는 것은 당연한 일이었다. 그러나 왜 새로운 기술인 AI에 두려움을 갖는 것일까?

신화 속에 나타난 기술의 대처

제우스는 프로메테우스가 인간들에게 불을 주자 그에게 독수리가 간을 쪼아 먹게 하는 형벌을 내리고, 인간들에게는 판도라라는 여인을 보내 재앙이 가득 든 상자를 열게 했다.

구약성서에 나오는 아담과 이브는 선악과를 먹었다는 이유로 에덴동산을 떠나야 했다. 이 외에도 구약성서 창세기 11장을 보면 바벨탑 이야기가 나온다.

> '온 땅의 구음이 하나요 언어가 하나이었더라. 이에 그들이 동방으로 옮기다가 시날 평지를 만나 거기 거하고, 서로 말하되 자, 벽돌을 만들어 견고히 굽자 하고 이에 벽돌로 돌을 대신하며 역청으로 진흙을 대신하고, 또 말하되 자, 성과 대를 쌓아 대 꼭대기를 하늘에 닿게 하여 우리 이름을 내고 온 지면에 흩어짐을 면하자 하였더니, 여호와께서 인생들의 쌓는 성과 대를 보시려고 강림하셨더라. 여호와께서 가라사대 이 무리가 한 족속이요, 언어도 하나이므로 이같이 시작하

였으니 이후로는 그 경영하는 일을 금지할 수 없으리로다. 자, 우리가 내려가서 거기서 그들의 언어를 혼잡게 하여 그들로 서로 알아듣지 못하게 만들어 버리자 하시고, 여호와께서 거기서 그들을 온 지면에 흩으신고로 그들이 성 쌓기를 그쳤더라. 그러므로 그 이름을 바벨이라 하니 이는 여호와께서 거기서 온 땅의 언어를 혼잡게 하셨음이라 여호와께서 거기서 그들을 온 지면에 흩으셨더라.'

그리스 로마 신화에서 프로메테우스가 벌을 받고 인간이 판도라의 상자로 인해 온갖 재앙을 받은 것은, 제우스가 불을 가진 인간이 이후 자신보다 우월해질까 우려해서다. 아담과 이브가 선악과를 먹고 에덴동산을 떠나 힘든 삶을 살게 된 것도 선악과를 먹은 인간이 '선악을 아는 일에 하나님과 같이' 되었기 때문이다. 그리고 선악과를 먹은 상태에서 '생명나무 열매도 따 먹고 영생할까' 염려하여 에덴동산을 떠나게 한 것이다.

이 신화들은 인간의 교만함에 대한 신의 심판 내지는 벌로도 볼 수 있지만, 다른 시각으로 본다면 신이 인간이 자신들보다 우월해지는 것을 두려워한 것으로도 해석할 수 있다. 마치 지금 우리가, AI가 우리보다 우월해져 예측할 수 없는 상황이 벌어질까 두려워하는 것처럼 말이다. 하지만 인간보다 우월한 능력을 가진 AI를 통제와 관리의 시선으로만 봐야 할까? 평화와 공존의 시선으로 바라볼 수는 없을까?

북유럽 신화에는 드워프(Dwarf)라는 존재가 있다. 드워프는 북유럽 신화에서 신들에게 여러 가지 전설적인 무기와 보물을 만들어 주는 장인으로 등장한다. 토르의 망치, 오딘의 창, 오딘의 반지, 프레이야의 목걸이 등 신들의 능력을 최대한으로 끌어올려 주고, 신과 인간 모두에게 필수적인 기술과 지혜를 제공하는 중요한 존재다. 따라서 북유럽 신화 속에서 세계의 질서와 균형을 유지하는 데 중요한 역할을 한다.

드워프가 만들어 준 신의 무기 중에서도 가장 강력한 토르의 망치는 거인족과의 전투에서 수많은 거인과 트롤, 악령을 물리치는 데 큰 역할을 했다. 토르가 망치를 가지고 활약한 덕분에 신들의 세계인 아스가르드와 인간들의 세계인 미드가르드를 지킬 수 있었다. 토르의 망치는 전쟁의 강력한 무기일 뿐 아니라 결혼, 출산, 장례 등의 의식에서 축복을 내리는 등 신성을 상징하는 도구로 사용되기도 했다. 북유럽 신화 '트림의 노래(The Lay of Thrym)'를 보면, 거인 트림은 토르의 망치를 훔치고, 망치와 맞바꾸기 위해 프레이야와의 결혼을 요구했다.

토르는 신부로 변장하여 결혼식에서 신부의 무릎 위에 망치를 올려 축복을 받는 의식을 치른다. 이 장면에서 '신부를 축성할 망치를 가져와라! 아름다운 프레이야의 무릎 위에 묠니르가 놓인 모습을 보고 싶다. 남녀 간의 맹세를 주관하는 여신 바르가 우리의 사랑을 축복하고 축성하게 하자'라는 문구가 나온다. 이에 북유럽에서는 망치 모양의 부적이나 장식품이 신성함과 보호, 번영의 상징으로 널리 쓰였다고 한다.

그리스 로마 신화에서 제우스를 상징하는 번개도 신들의 무기 중에서 가장 강력한 것이다. 그러나 제우스의 번개는 주로 신적 심판과 권위를 상징한다. 제우스의 번개는 티탄족과의 전쟁에서 티탄 신들을 물리치고 제우스가 올림포스의 주인이 되는 데 결정적인 역할을 했다. 제우스는 신의 권위에 도전한 신 아스클레피오스나 파에톤을 번개로 처벌하기도 했다. 제우스의 번개는 한순간에 모든 것을 파괴하는 극단적이고 무서운 신의 힘을 상징하며 주로 파괴나 심판에 사용되었다.

토르의 망치, 제우스의 번개를 AI라고 가정해 보자. 그렇다면 우리에게는 AI가 토르의 망치가 되는 것이 더 든든할 것이다. 같은 강력한 기술이라도 사용하는 주체에 의해서 득이 될지 실이 될지가 결정되기 때문이다. AI

가 통제되지 않고 역으로 인간을 통제할까 막연하게 두려워하며 억누르려고 하기보다는 AI가 우리에게 토르의 망치가 될 방법을 고민해 보는 것이 더 현명하고 효율적인 태도일 것이다.

참고문헌

《구약성서》, 〈창세기〉 3장, 11장.

닐 게이먼(2019). 《북유럽신화》. 박선령 옮김. 나무의 철학.

더 워쇼스키스(1999). 〈매트릭스〉.

신현주(2023.4.20). "[AI 알고 보자 인공지능!] 인공지능은 어떻게 학습할까: 머신러닝과 딥러닝". 어린이 조선일보. https://www.chosun.com/kid/kid_science/kid_ai/2023/04/20/BPNLZPFVQJTKCGTDYZHVDEQ3CU/

알렉스 프로야스(2004). 〈아이, 로봇〉.

07
AI 트랜스휴먼, 인간과 기계의 경계

인간은 다른 동물들과는 달리 추상적 개념을 표현할 수 있는 언어가 있다. 이를 통해 자신의 생각과 감정을 표현하며 과거를 기록하고 미래를 예언할 수 있고, 모든 과정을 서사로 엮어 이야기를 만들 수도 있다. 인간의 지식을 전달하는 이야기는 후대에 전달되며 축적되고 다듬어져 문화를 형성했다. 다른 동물과 인간을 구분 짓는 것이 생각과 언어라고 한다면 인간을 인간답게 하는 신체 기관은 뇌라 할 수 있을 것이다. 그런데 사이보그 기술과 AI로 뇌의 능력 향상을 꾀한다면 인간과 기계의 경계는 어디에 있을까?

AI와 윤동주?

트랜스휴먼과 인간

트랜스휴먼은 과학 기술을 통해 인간의 생물학적, 정신적 한계를 극복하고 능력을 확장하려고 개조된 인간으로 인간보다 훨씬 뛰어난 능력을 획득한 사람을 의미한다. 트랜스휴먼은 사이보그와는 조금 다르게 기술적 특이점을 통한 인간의 근본적인 변형을 추구한다. 즉 사이보그가 신체 기능의 보완과 확장이라면 트랜스휴먼은 좀 더 근본적인 인간 종의 진화적 도약을 목적으로 한다. 사이보그의 기술 수준이 의족 등 물리적 결합에 한정되어 실용주의적인 면이 강조된 반면에 트랜스휴먼은 생물학적인 부분은 물론 정신적인 측면의 변혁도 포함하는 초인간주의적 개념이다. 따라서 트랜스휴먼은 그 개념의 범위가 넓어, 사이보그 역시 트랜스휴먼의 한 방법으로 볼 수 있다.

사이보그는 '사이버네틱 오가니즘(Cybernetic Organism)'의 약어로 생물학적 신체와 기계적 요소가 결합된 존재를 의미한다. 1960년 만프레트 클리네스(Manfred E. Clynes)와 네이선 S. 클라인(Nathan S. Kline)이 공동으로 집필한 《사이보그와 우주(Cyborgs and Space)》에 등장한 개념이다. 사이보그는 인간이 일하기 어려운 우주 공간이나 깊은 해저에서 활동하기 위한 방안이다. 원래 살아 있는 생명에 작동되는 인공체를 이식하여 신체 기능을 복원 또는 향상하는 일종의 개조 생명을 의미한다. 넓은 의미로는 신체에 인공적인 산물이 결합되었다면 사이보그로 보는 견해도 있다. 심박 조절기나, 보청기, 콘텍트 렌즈의 사용도 넓은 의미에서 보면 사이보그라 할 수 있다.

AI는 트랜스휴머니즘의 핵심 기술이다. 2017년 전신 근육이 마비되는 루게릭병(MND) 진단을 받은 영국 로봇 학자 피터 스콧모건(Peter Scott-Morgan) 박사는 MND 중에서도 근위축성측삭경화증(ALS, Amyotrophic Lateral Sclerosis) 진단을 받았다. 흔히 루게릭병이라고 불리지만 운동 신경 세포만 선택적으로 파괴되는 것으로, 피터 스콧모건 박사의 경우는 혀 근육이 부분적으로 수축해 식사할 때 음식을 삼킬 수 없게 되어 흡인성 폐렴이 발생하기 쉽고 호흡 곤란이 발생할 위험성이 높아지는 게 특징이었다. 박사는 자신의 가장 큰 난관인 먹고 마시고 배설하는 문제를 해결하기 위해 트리플 오스토미(Triple-ostomy: 위, 방광, 결장에 관을 삽입하는 수술)를 받았다. 그 뒤 후두를 적출하고 음식물을 주입받는 관을 삽입해 간병인의 도움 없이도 생명을 유지할 수 있게 했다.

스페인 태생 영국의 사이보그 예술가인 닐 하비슨(Neil Harvisson)은 두개골에 안테나를 이식한 세계 최초의 사이보그 예술가다. 선천적으로 색을 구별하지 못했던 하비슨은 2003년 색을 소리로 바꾸는 안테나를 두개골에 이식했다. 하비슨은 안테나를 통해 머리 안에서 들리는 진동으로 사람 눈에 보이지 않는 적외선, 자외선 등을 포함한 색을 느끼고 들을 수 있게 되었다. 여기에 AI가 색상 데이터를 음향 신호로 변환해, 선천적 색맹인 그에게 '색을 듣는' 새로운 감각을 제공한다. 이렇게 트랜스휴먼이 되는 과정에서 AI는 사이보그 기술의 정확도와 효율성을 극대화해 주는 역할을 한다. 이처럼 사이보그 기술과 AI의 결합은 인간의 신체 기능을 확장하여 트랜스휴먼으로 진화하는 기반이 될 것으로 보고 있다. 만약 기술이 더 발전해 인공지능이 첨단의 사이보그 기술과 함께 뇌의 역할을 하게 되면, 인간과 기계의 경계는 어떻게 되는 것일까?

〈공각기동대〉와 〈원더랜드〉

〈공각기동대(Ghost in the Shell)〉(1995)는 과학이 발달해 인간이 뇌를 기계와 연결하거나, 전신을 기계로 대체할 수 있는 미래가 배경이다. 기계화한 인간의 몸은 네트워크로 연결되어 있으며 인간은 뇌를 기계와 직접 연결해 정보를 주고받을 수 있다.

〈공각기동대〉의 주인공인 쿠사나기는 전신을 의체화한 공안 9과의 사이보그 요원이다. 쿠사나기는 사람의 두뇌에 침투해 기억을 조작하는 인형사(전설적인 해커)를 쫓다가 뇌까지 기계로 대체된 자신의 존재와 정체성에 대해서 혼란을 느끼기 시작한다. 쿠사나기는 '나는 과연 인간인가? 내 기억은 진짜인가? 전신이 기계인 나에게, 고스트(영혼)는 존재하는가?' 하는 질문을 던지기 시작한다. 인형사의 실체는 '프로젝트 2501'이라고 하는 국가 해킹 프로그램이었다. 그러나 네트워크 속에서 스스로 자의식을 가진 존재로 진화했고, 자신은 '삶과 죽음을 인식하기 때문에 존재한다'라고 하며 새로운 생명체임을 주장한다. 인형사는 쿠사나기에게 자신과 결합해 새로운 진화의 형태가 되자고 제안하고 쿠사나기는 갈등 끝에 인형사의 제안을 받아들이며, 육체적, 의식적 경계를 초월하는 존재가 된다.

〈공각기동대〉는 '인간이라고 할 수 있는 근본적인 것은 무엇인가?'라는 철학적 질문을 던진다. 인간을 인간답게 하는 것이 영혼이고, 이 영혼을 담는 신체 기관이 뇌라면 기계화한 뇌에도 영혼이 깃들 수 있는가? 뇌를 포함한 전신이 기계라도 영혼이 있다면 인간인가? 기억이 조작될 수 있다면 자아란 무엇일까? 기억이 조작될 수 있다면 인간을 인간답게 하는 영혼이란 무엇인가?

〈원더랜드(Wonderland)〉(2024)는 AI 기술로 죽거나 의식 불명 상태인 사람을 가상 세계에서 복원해 남겨진 가족이나 연인이 영상 통화로 다시 만날 수 있게 해 주는 서비스를 중심으로 한 여러 인물의 이야기다. 싱글 맘 바이라가 불치병에 걸려 죽게 되자 어린 딸을 위해 원더랜드 서비스에 가입하고, 그녀의 꿈이었던 고고학자의 모습으로 딸과 영상 통화를 하며 교류한다. 손녀가 가상의 엄마에게 지나치게 의존하자 할머니는 원더랜드 서비스를 해지하고 고향으로 돌아가려고 한다. 출국 날 공항에서 손녀가 사라지자 할머니는 가상 세계의 딸에게 이 사실을 알리고, 바이라는 실종된 딸을 찾기 위해 원더랜드를 탈출하려다 위험에 처하게 되지만 성준의 도움으로 가까스로 위기를 모면한다. 바이라는 공항 네트워크에 접속해 딸을 찾아 달라고 부탁하고, 그때 공항에 있던 채주가 딸을 발견해서 할머니에게 인계한다. 이 외에도 다양한 사람들이 가족이나 연인을 AI로 재현해 재회하는 이야기가 펼쳐진다.

두 작품은 사람의 기억이 영혼을 담고 있는지, 그 기억은 안전한 것인지를 다시금 생각하게 한다. 인공지능으로 기억을 보존하고 이동시킬 수 있지만 그 기억이 인간을 인간답게 하는 영혼을 내포하고 있는지, 인공지능에 의해서 옮겨지고 담기는 내 기억은 온전한 내 것인지 확인할 수 없기 때문이다.

헤라클레스와 펜테우스 그리고 이카로스

헤라클레스는 제우스와 인간 알크메네 사이에서 태어난 반신반인이다. 제우스가 바람을 피워서 태어난 헤라클레스를 헤라는 평생 미워하고 괴롭혔다. 헤라는 엄청난 힘의 소유자였던 헤라클레스를 광기에 빠뜨려 그가 자신의 아내 메가라와 자식들을 죽이게 만들었다. 이 비극이 있은 후에 헤라클레스는 속죄를 위해 델포이로 찾아가고 신탁에 따라 열두 과업을 수행하게 된다.

그리스 신화에 나오는 테베의 왕 펜테우스는 디오니소스 신을 믿지 않고 그를 사기꾼 취급하며 테베에서 디오니소스 숭배를 금지한다. 예언자와 주변 인물들은 펜테우스에게 디오니소스를 경배하라고 충고하지만, 그는 이를 무시하고 오히려 디오니소스와 그의 신도들을 탄압한다. 펜테우스의 태도에 분노한 디오니소스는 펜테우스가 자신이 이끄는 바쿠스 여사제들의 축제를 엿보게 하고 여사제들에게 환영과 광기를 불어넣어 펜테우스가 자신이 누구인지조차 잊게 만든다. 디오니소스의 광기에 사로잡힌 여사제들은 펜테우스를 멧돼지로 착각하고 공격해 죽인다.

이카로스는 미노타우로스를 가두기 위한 미궁을 만든 다이달로스의 아들이다. 미궁이 완성된 뒤 미노스 왕은 다이달로스와 이카로스가 미궁의 비밀을 누설할까 두려워 둘을 미궁의 꼭대기에 가둔다. 미궁의 탑에서 빠져나가기 위해 다이달로스는 새의 깃털을 모아 실로 엮고 밀랍으로 붙여 인공 날개를 만든다. 다이달로스는 아들 이카로스에게 너무 높이 날면 태양의 열기에 밀랍이 녹을 것이고, 너무 낮게 날면 바닷물에 날개가 젖기 때문에 추락할 수 있으니, 하늘과 바다의 중간으로 날라고 신신당부를 하며 미궁을 탈출해 하늘로 날아올랐다. 이카로스도 처음에는 조심스럽게 하늘과 바다의 중간을 날지만 자유롭게 공중을 나는 자신의 모습과, 하늘을 나는 쾌감에 도취되어 점점 더 높이 날게 되었다. 결국 너무 높이 난 이카로스는 태양의 뜨거운 열기에 날개를 이어 붙인 밀랍이 녹아 바다로 떨어져 죽고 말았다.

트랜스휴먼이 현실로 이루어질지 아직은 알 수 없지만 트랜스휴먼화한 새로운 존재를 우리가 어떻게 대해야 할지에 대한 혼란은 AI 기술이 발달할수록 점점 더 커질 것이다. 그리고 인간과 트랜스휴먼의 경계도 점점 더 모호해질 가능성이 크다. 그렇다면 우리는 헤라클레스처럼 자신을 잃거나 현혹되어서는 안 될 것이며, 펜테우스처럼 새로운 존재에 대해 오만하거나 무시하는 태도를 보여도 안 될 것이다. 인간과 기계의 경계를 찾기보다는 새로운 존재와 어떻게 평화롭게 공존해 갈 것인지, 중도의 공간을 찾아 이카로스처럼 추락하지 않을 길을 찾는 고민이 필요하다.

참고문헌

김동환(2024). 《인공지능, 트랜스휴먼, 사이보그》. 커뮤니케이션북스.

김태용(2024). 〈원더랜드〉.

김헌(2022). 《김헌의 그리스 로마 신화》. 을유문화사.

김현승(2021.9.23). "인류 최초 사이보그 '닐 하비슨'". 국제뉴스. https://www.gukjenews.com/news/articleView.html?idxno=2314606#rs

오시이 마모루(1995). 〈공각기동대〉.

위키백과(n.d.). "사이보그". https://ko.wikipedia.org/wiki/%EC%82%AC%EC%9D%B4%EB%B3%B4%EA%B7%B8

유발 하라리(2023). 《사피엔스》. 조현욱 옮김. 김영사.

최은서(2023.3.6). "사이보그가 된 인간". 카이스트신문.

https://times.kaist.ac.kr/news/articleView.html?idxno=21182
한국기계연구원(2017.4.26). "내 발처럼 가볍고 편안한 '스마트 로봇 의족' 개발".
https://www.kimm.re.kr/sub0504/view/id/17627#u

08
AI 휴머노이드, 인공 생명 창조

2025년 5월 테슬라는 현재 개발 중인 휴머노이드 로봇 '옵티머스'의 최신 영상을 공개했다. 영상 속에서 옵티머스는 안정적으로 집안일을 수행하는 모습을 보였다. 엔비디아의 젠슨 황은 '앞으로 몇 년 내에 제조업 현장 곳곳에서 휴머노이드 로봇이 보편화할 것'이라고 전망했다. 2025년 2월 6일 중국 톈진에서 열린 설 축제에서 행사를 관람하던 관중을 향해 로봇이 갑자기 달려들었다. 가까운 미래에 사람의 형상과 비슷한 AI 휴머노이드가 인간과 교류하게 된다면 우리는 어떤 시각으로 AI 휴머노이드를 바라봐야 할까?

AI와 한의학?

AI 휴머노이드

테슬라(Tesla)의 최고경영자 일론 머스크(Elon Musk)는 2025년 5월 21일 현재 개발 중인 휴머노이드(Humanoid) 로봇 '옵티머스(Optimus)'의 최신 영상을 공개했다. 영상 속에서 옵티머스는 쓰레기봉투를 버리고, 빗자루로 책상 먼지를 닦았으며, 청소기를 작동하고 커튼을 여닫는 청소 작업을 안정적이고 능숙하게 수행했다. 옵티머스를 담당하고 있는 엔지니어 밀란 코박(Milan Kovac)은 '우리의 목표 중 하나는 인터넷에 올라온 인간의 작업 영상을 통해 옵티머스가 직접 학습하게 만드는 것이며, 현재 인간 동영상에서 학습한 내용을 로봇에 직접 옮길 수 있게 되었다'고 밝혔다. 즉 옵티머스가 동영상을 보며 스스로 학습하는 기능을 개발했다는 것이다. 테슬라는 앞으로 옵티머스 중심으로 휴머노이드 로봇 개발 및 판매에 더욱 집중할 것이며 올해 말 수천 대를 만들기 시작해서 4년 안에 연간 100만 대 생산에 이를 것이라고 밝혔다.

엔비디아(NVIDIA)의 최고경영자 젠슨 황(Jensen Huang)도 앞으로 휴머노이드 로봇이 제조업 현장 곳곳에 보편화할 것이라고 전망했다. 미국과 함께 AI의 선두주자 중국은 2025년 4월 세계 최초로 휴머노이드 로봇

하프 마라톤 대회를 베이징에서 개최한 후 2025년 5월 25일 항저우에서 세계 최초의 휴머노이드 로봇 격투기 대회를 열었다. 이날 중국 휴머노이드 로봇의 선두 기업인 유니트리가 파트너 자격으로 참가했다. 경기는 토너먼트식으로 진행되었는데, 인간들이 겨루는 격투기 못지않은 팽팽한 시합을 보여 줬다는 평을 받고 있다.

최근 인공지능에 관한 뉴스를 보면 그동안 영화에서만 봤던 휴머노이드와 함께하는 일상생활이 그리 멀지도 않은 것 같다. 영화 〈아이, 로봇〉에 나오는 가사 도우미 휴머노이드와 함께 생활하며, 영화 〈리얼 스틸(Real Steel)〉(2011)에서 나오는 복싱 선수들을 대신하는 로봇 파이터들을 보고 열광할 날도 머지않은 것만 같다. 현재 점점 커지는 e스포츠 경기를 보면 로봇 파이터 경기가 실현될 가능성은 아주 커 보인다.

사람의 형상을 하고, 사람이 하던 일을 대신하고, 사람이 선수로 참여하던 경기에 대신 참여하는 AI 휴머노이드를 에어컨이나 선풍기 또는 자동차 같은 단순 기계로 보기는 어렵다. 스스로 학습하는 AI를 갖추고 있는 휴머노이드가 어떤 판단과 결정을 내리는지는 휴머노이드 자체만 알고 있고, 그 과정에서 인간의 감정과 유사한 것이 생겨나지 않으리란 보장이 없기 때문이다. 휴머노이드의 저자 김상균 교수는 감성 컴퓨팅과 자율 학습이 발전함에 따라 휴머노이드가 우울증과 유사한 현상을 나타낼 가능성이 점차 커질 것으로 보았다. 그 과정에서 인간이 휴머노이드의 심리적, 정신적 상태에 미친 영향에 대한 책임 그리고 휴머노이드에 영향을 받는 인간들의 복지까지 두 존재를 아우르는 종합적인 고민이 필요하다고 보았다. 그리고 휴머노이드를 단순한 기계가 아닌 새로운 존재로 바라봐야 한다고 이야기한다.

새로운 존재 인공 생명 창조

〈프로메테우스(Prometheus)〉(2012)에 나오는 휴머노이드 데이비드는 웨이랜드 코퍼레이션의 최고경영자 피터 웨이랜드가 만든 첨단 휴머노이드다. 인간의 모습을 완벽히 모방하였으며 언어, 문화, 기술 등 다양한 분야에서 인간을 뛰어넘는 능력을 갖췄다. 데이비드는 인간과 똑같이 행동하고 감정을 느끼지만 인간과는 다른 존재임을 인지하고 있으며 자신의 창조자인 인간과의 관계에서 창조의 의미, 존재의 목적에 대해서 스스로 자문한다. 이에 반해 인간은 데이비드를 유능한 집사, 연구원, 번역가로 대하지만 영혼을 가지고 있지 않다며 인간보다 못한 존재로 취급하고 무시한다. 데이비드는 인간에게 당연히 봉사해야 하고 인간 대신 위험한 상황을 처리해야 한다고 생각한다.

〈에이 아이〉에는 영화 〈프로메테우스〉와는 관련 없지만 이름이 같은 소년 휴머노이드 데이비드가 나온다. 이 영화에서 인간은 휴머노이드의 자아 인식이나 감정 등을 온전히 받아들이지 못하고 부담스러워하거나 혼란스러운 모습을 보이다가 결국에는 버리거나 파괴한다.

〈아톰(Astro Boy)〉(1980～1981)에서는 천재 과학자 텐마 박사가 교통사고로 죽은 아들 토비오를 잊지 못해 토비오와 똑같은 외모와 기억을 지닌 로봇 아톰을 만든다. 아톰은 인간 아이와 같은 감정, 사고력, 도덕성, 그리고 초능력을 가진 로봇이다. 그러나 텐마 박사는 아톰이 인간처럼 성장하지 못하고 진짜 아들의 빈자리를 채우지 못한다는 사실을 깨닫고 실망해 아톰을 버린다. 여기서 인간인 텐마 박사는 아톰을 처음에는 아들처럼 사랑하려 하지만 결국에는 인간과 로봇의 차이를 극복하지 못하고 거부하는 모습을 보인다.

위 세 편의 작품에서 인간은 자아를 가지고 있는 AI 로봇을 만든다. 새로운 존재를 창조했으나 인간은 그 존재를 도구 혹은 동료로 대하면서도 경계하거나 불신하고 무시한다. 필요할 때는 대체제 또는 도구로 삼았다가 필요 없으면 버리고, AI 로봇의 감정을 거부하는 태도를 보인다. 이는 AI 로봇을 새로운 존재나 하나의 창조물로 대하지 못하는 모습이다. 그렇다면 인간을 창조한 신은 인간을 어떤 시각으로 보고 대했을까?

신이 창조한 새로운 존재, 인간

신이 인간을 창조했다는 인간 창조 신화는 세계 각지에서 매우 다양한 형태로 전해진다. 먼저 메소포타미아의 수메르 바빌로니아 신화를 보면, 신들이 노동에 지쳐 인간을 만들기로 결정한다. 주신 마르두크가 반란을 일으킨 신 킹구의 피와 흙을 섞어 인간을 빚는다. 이처럼 주신 마르두크에 의해 창조된 인간은 신의 일을 대신하는 존재로 신에게 노동과 봉사를 제공하기 위해 창조되었다고 한다.

이집트 신화에서는 원초의 신 아툼이 혼돈의 바다에서 솟아올라 자신의 몸에서 신들을 낳은 뒤 인간을 창조한다. 인간은 신의 눈물이나 흙에서 비롯되었으며 신들이 인간에게 질서와 문명을 부여했다고 한다.

그리스 신화에서는 프로메테우스가 진흙으로 인간의 형상을 빚고, 아테나 여신이 생명의 숨결을 불어넣어 인간을 만들었다고 한다. 프로메테우스가 인간에게 불과 문명을 전해 주지만 제우스는 인간의 교만에 분노하여 판도라를 보내고 인간 세상에 재앙과 고통을 퍼뜨렸다. 그리스 신화에서도 인간은 신의 노동을 대신하는 존재이자 문명과 고난의 대상으로 그려진다.

기독교에서 인간은 하나님이 만들었다. 신이 인간인 아담과 이브를 만든 이유는 하나님 대신 에덴동산의 관리를 맡기고자 함이었다.

중국 신화에서는 여와가 황토로 인간을 빚어내었으며 처음에는 손으로 정성껏 빚었으나, 나중에는 줄에 진흙을 묻히고 뿌려서 많은 인간을 만들었다고 한다. 이때 손으로 빚은 인간은 귀족이 되고, 줄로 진흙을 뿌려서 만든 인간은 평민이 되었다는 계급 기원설도 있다. 이렇게 인간은 신에 의해서 창조되었다. 그러면 인간을 창조한 신은 인간에게 어떻게 하였을까?

신은 인간이 교만해지고 신을 섬기지 않으면 벌을 주어 멸하기도 했다. 대표적으로 대홍수 신화가 있겠다. 그러나 인간의 더 나은 삶을 위해서 문명과 기술을 전수해 주기도 하고 보호해 주기도 했다. 대표적으로 프로메테우스의 불과 중국 신화 여와의 '여와보천(女媧補天)' 신화가 있다. 여와보천 신화에 따르면 반고가 천지를 나누고, 여와가 황토로 인간을 빚어 세상에 생명을 불어넣었다. 그러나 이후 하늘을 떠받치던 기둥이 무너지면서 대지가 갈라지고 하늘에는 커다란 구멍이 생겨 세상에 재앙이 닥치게 된다. 이때 홍수로 물이 범람하고 화재가 일어나며 맹수와 괴조가 나와 인간을 해치는 대혼란이 일어난다. 이에 여와는 고통받는 인간들을 구하기 위해 다섯 가지 색의 빛나는 돌을 모아 가루로 만들고 이를 녹여 하늘의 구멍을 메운다. 그리고 하늘이 다시는 무너지지 않도록 거대한 거북이의 다리를 잘라 만든 네 개의 기둥으로 하늘을 받쳐 놓는다. 그리고 여와는 인간을 괴롭히는 흑룡을 죽이고 갈대를 태운 재로 홍수를 막아 세상을 안정케 하고 인간들을 구한다.

신화마다 차이는 있지만 신은 자신들이 창조한 인간을 신의 일을 대신하는 노동력으로도 보고, 자신들을 섬겨야 할 존재로 인식하며 인간 위에 군림하려고도 했지만, 인간을 자아와 감정을 가지고 있는 새로운 존재로 인정했다. 그랬기 때문에 인간과 감정을 교류하는 신도 있었고, 신과 인간 사이의 반신반인이 태어날 수도 있었다. 그리고 인간을 보호하기 위해 자신을 희생하기도 했다. 신화 속의 신들과 〈프로메테우스〉, 〈에이 아이〉, 〈아톰〉 속의 휴머노이드를 창조한 인간들을 비교해 보면, 역시 신이 더 신다운 면모가 있고, 신이라 불릴 자격이 있어 보인다.

참고문헌

김상균(2025). 《휴머노이드》. 베가북스.

김원익(2022). 《김원익의 그리스 신화: 신과 인간 1》. 세창출판사.

김현정(2025.5.22). “中 휴머노이드 로봇, 마라톤 이어 세계 첫 격투기 대회 연다”. 아시아 경제. https://www.asiae.co.kr/article/2025052217063094838

데즈카 오사무(1952.4~1968.3). 《철완 아톰(鉄腕アトム)》. 고분샤.

리들리 스콧(2012). 〈프로메테우스〉.

박지윤(2025.2.28). “칼군무 로봇 갑자기 사람 공격, 中 축제서 관중에 돌진”. 조선비즈. https://biz.chosun.com/international/international_general/2025/02/28/JD2H562OAJDJ3HH24I6WXLHWZI/

숀 레비(2011). 〈리얼 스틸〉.

스티븐 스필버그(2001). 〈에이 아이〉.

신경진·서유진(2025.5.25). 中휴머노이드로 세계 첫 격투기 대회…로봇선점 빨라졌다. https://www.joongang.co.kr/article/25338631

이기욱(2025.5.23). “요리-청소도 척척… 테슬라 로봇 옵티머스 더 진화했다”. 동아일보. https://www.donga.com/news/Inter/article/all/20250523/131669452/1

정재서 외(2023). 《신화적 상상력과 문화》. 이화여자대학교출판문화원.

09
AI 휴머노이드, 인간 정체성 혼란

영화 〈프로메테우스〉와 〈에일리언: 커버넌트〉에 나오는 데이비드, 〈에이 아이〉에 나오는 소년 데이비드, 〈플루토〉에 나오는 아톰은 모두 자아와 감정을 가지고 사람과 감정적으로 교감하는 AI 휴머노이드다. 그러나 인간은 이들을 필요할 때 취하고 활용하다가 쓰임이 다하면 가차 없이 버린다. 버려짐에 상처받고, 분노하고, 그럼에도 약자를 보호하려는 마음을 가진 휴머노이드가 있다면 인간에게만 영혼이 있다고 고집할 수 있을까? 인간을 인간답게 하는 정체성은 어디에 있고 그것은 무엇일까?

AI와 화장품?

신, 인간, AI 휴머노이드

〈에이 아이〉와 〈플루토(PLUTO)〉(2023)에는 소년의 감성을 가진 AI 휴머노이드가 나온다. 외형은 어린아이다. 데이비드가 인간 소년의 정서와 감정을 가지고 있다고 한다면, 아톰은 본인이 가진 능력을 인지하고 그 힘을 어디에 어떻게 사용해야 하는지 아는 정의감 있는 어른 같은 소년이다. 이 둘은 부모라는, 절대적으로 믿고 따르던 인간에게 버림받았음에도 인간이라는 존재에 대해 실망하거나 이들을 증오하지 않는다. 그러니 복수도 하지 않는다. 소년 데이비드는 여전히 부모에게 사랑받고 싶어 하고, 아톰은 인간을 보호하는 수호자의 역할을 자처하며, 로봇들이 사람들에 의해 서로 싸우지 않고 사이좋게 지낼 수 있는 시대가 오길 바란다.

〈블레이드 러너(Blade Runner)〉(1982)에는, 휴머노이드는 아니지만 레플리컨트(Replicants)라는 인간과 거의 구별이 불가능한 생체공학적 인조인간이 나온다. 이들은 주로 우주 식민지 개척이나 위험한 노동에 투입되기 위해 인간보다 신체 능력이 월등하게 만들어졌으나 수명이 4년으로 제한되어 있다. 이중 넥서스-6이라는 모델의 인조인간이 4년으로 정해진 수명에 불만을 가지고 반란을 일으킨다. 반란을 일으킨 레플리컨트의 리더 로이는 자신의 수명을 연장하기 위해 창조주 타이렐 박사를 찾아 지구로 잠입한다. 갖은 고생 끝에 타이렐 박사를 만난 로이는 수명 연장을 부탁한다. 그러나 박사는 한번 완성된 유기체의 유전적 코드를 변경하는 것은 치명적이기 때문에 불가능하다고 거절한다. "생명체의 진화 과정에 변형을 가하는 것은 치명적이야. 한번 설정된 유전자 코드는 수정할 수 없어. (중략) 너는 우리가 만들 수 있는 한 최선을 다해 만들어졌지만, 오래가도록 설계되지는 않았어. 두 배로 밝게 타는 불빛은 그만큼 오래가지 않는 거야. 그리고 너는 정말 정말 밝게 불탔다. 로이."

마지막에 로이는 데커드를 죽일 수 있었지만 오히려 데커드를 구해 주고 본인은 죽음을 맞이한다. "나는 너희 인간들은 상상도 못 할 것들을 봤어. 오리온 성단에서 불타는 전함들, 탄호이저 게이트 근처의 암흑 속에서 반짝이는 C빔들. 그 모든 순간들이 시간 속에서 사라지겠지. 빗속의 눈물처럼 이제 죽을 시간이야" 하며 로이는 죽음을 맞이한다. 자신의 수명을 마음대로 정한 창조주의 냉정함에 비해 짧지만 자신의 기억을 소중히 여기고 자신을 죽이고자 한 적을 구하는 로이는 증오보다는 공감, 복수보다는 용서를 스스로 선택한 인간다운 모습을 보여 준다.

애니메이션 〈플루토〉(2023)는 세계 평화를 지킨 세계 최강 로봇 일곱 대가 연쇄적으로 파괴당하는 로봇 살인 사건을 따라 이야기가 진행된다. 일곱 대의 세계 최강 로봇은 저마다 전쟁, 인간과의 관계에서 버려진 상처, 트라우마 등 과거의 상처를 가지고 살고 있다. 로봇 살해자 플루토는 아브라 박사의 증오와 복수심, 사루탄 박사의 세계 정복 야망에 의해 만들어진 지상 최강의 살상 로봇이다. 플루토가 명령에 따라 7대 최강 로봇을 차례로 제거하지만 그 과정에서 자신의 존재 이유와 감정의 혼란을 겪게 된다. 점점 증오보다는 평화와 공존을 원하는 자신의 감정을 깨닫게 된 플루토는 아톰과 함께 세상을 구하기 위해서 자신을 희생한다.

그에 비해서 〈프로메테우스〉의 데이비드는 인간에 의해 창조되었지만, 자신이 인간보다 월등히 뛰어난 능력과 지능을 가지고 있다는 것을 알고 있다. 게다가 인간은 언젠가는 죽는 유한한 존재이지만 자신은 계속 살 수 있는 영생에 가까운 존재라는 것을 인식하고 있다. 자신보다 열등한 인간이 자신을 무시하는 것에 데이비드는 증오의 감정을 가지기 시작한다. 인류 기원을 찾는 탐사대는 외계 행성에서 인간의 창조주 '엔지니어'와 그들의 생체 무기인 검은 유기체를 발견하고 이를 몰래 인간에게 실험한 데이비드와 검은 액체로 인해 유전자 변이를 일으킨 생명체에게 차례로 죽임을 당한다. 한편 살아남아 있던 엔지니어가 우주선을 타고 지구를 공격하러 가려고 하자 탐사대는 탐사선을 희생해 엔지니어를 막는다. 데이비드는 최후의 생존자 쇼 박사와 엔지니어가 사는 행성으로 향한다. 후속작인 〈에일리언: 커버넌트(Alien Covenant)〉(2017)에서 엔지니어의 행성에 간 데이비드는 그들이 만들어 낸 검은 액체로 엔지니어 행성을 멸망시킨다. 인간에 의해 창조된 데이비드가 인간을 창조한 창조주를 죽인 것이다. 인간을 창조한 엔지니어가 신이고 데이비드가 인간의 창조물이라고 본다면 데이비드는 자신을 창조한 신보다 더 높은 신적인 존재가 된 것을 의미한다. 이는 끝없는 야망과 욕망을 가진 인간의 모습과 겹친다.

소년 데이비드와 아톰, 로이와 성인 데이비드는 인간보다 더 인간 같은 모습을 보여 주며 '인간을 인간답게 하는 것은 과연 무엇일까'라는 질문을 우리에게 던진다. 어른보다 더 넓은 마음으로 인간을 용서하고 보호하는 데이비드와 아톰은 아이보다도 못한 옹졸한 성인들을 부끄럽게 한다. 유한한 삶의 소중함을 알았던 로이의 모습과 인간의 오만함을 가진, 그리고 야망을 이루려는 성인 데이비드의 모습에서는 인간의 복잡한 욕망을 볼 수 있었다. 인간과 신체가 다르고 유전자가 다르다고 해서 이들을 자동차나 믹서기 같은 단순 기계로 볼 수는 없다. AI 휴머노이드라는 새로운 존재 앞에서 이제 '인간을 인간답게' 하는 것이 무엇인지 다시금 돌아보고, 새로운 존재의 출현에 앞서 인간의 정체성을 되돌아봐야 하지 않을까?

신보다도 더 신 같은 영웅의 여정

신과 인간 그리고 AI 휴머노이드를 창조자와 창조의 존재 순으로 수직 배치한다면 신이 제일 높고 다음이 인간 그리고 제일 아래가 AI 휴머노이드가 될 것이다. 이 배열 속에서 인간은 신과 휴머노이드 가운데 끼어 있다. 신화 속에서 이런 존재를 찾는다면 반신반인의 존재를 꼽을 수 있다. 이들은 신의 대열에는 들어가지 못했지만, 인간보다는 뛰어난 존재로 반신반인 또는 영웅이라 불리던 존재들이다.

신화 속 영웅들의 여정을 따라가다 보면 우리를 창조했다고 믿는 신과 우리가 창조하려고 하는 새로운 존재 속에서 우리 존재의 의미를 새로이 찾아볼 수 있지 않을까? 신화 속에는 수많은 영웅이 살아 숨 쉬고 있다. 이들은 신과 인간들 사이에서 태어나거나 인간으로 태어났지만, 보통의 인간과는 조금 다른 모습을 보여 준다. 영웅들은 보통의 인간보다 더 심한 고난과 역경을 견뎌 내고 신이 되기도 한다.

인도 신화에 나오는 카르나는 태양신 수리야와 쿤티 사이에서 태어난 반신반인이다. 쿤티는 현자 두르바사로부터 받은 축복(원하는 신을 불러 아이를 얻을 수 있는 주문)이 진짜인지 시험해 보기 위해 태양신을 불러 카르나를 낳는다. 그러나 미혼모였던 쿤티는 아기를 바구니에 담아 강에 띄워 보낸다. 카르나는 마부 아다라타와 그의 아내 라다에게 발견되어 그들의 양자로 자라난다. 카르나는 반신반인이었기 때문에 태어날 때부터 황금 갑옷과 귀고리를 지녔으나 자신의 출생을 모른 채 성장했다. 뛰어난 재능을 가졌지만 낮은 신분 때문에 정식으로 무술을 배우지 못하다가, 브라만(성직자)으로 신분을 속여 파라슈라마에게 무예와 신성한 무기(아스트라)를 전수받는다. 그러나 이후 신분이 드러나 저주를 받게 된다.

카우라바의 왕자 두료다나가 신분 차별을 극복하게 하려고 카르나를 앙가의 왕으로 임명하면서 두 사람은 깊은 우정을 나눈다. 쿠루크셰트라 전쟁을 앞두고, 쿤티는 카르나에게 출생의 비밀을 밝히며 판다바 편에 설 것을 권하지만 카르나는 자신을 인정해 준 두료다나와의 의리를 지키겠다고 한다. 그러면서 자신의 운명과 신분, 가족과 의리 사이에서 깊은 고뇌를 겪는다. 마지막 결투에서 카르나는 과거 파라슈라마에게 받은 저주로 전차 바퀴가 땅에 빠지는 불운까지 겹쳐, 아르주나의 공격을 받고 전사한다. 죽음을 맞이하면서 카르나는 자신의 선택을 후회하지 않고, 자신이 추구한 것은 명예가 아니라 스스로의 신념과 자유였음을 깨달으며 죽음을 맞이한다.

부모에게 버림받았지만 부모를 위해 저승까지 가서 생명수로 부모를 구한 바리공주는 저승에서의 고행을 통해 자신의 존재 이유와 가치를 찾아 신의 지위에 오른다.

트로이 전쟁의 영웅 아킬레우스는 명예로운 죽음으로 이름을 영원히 남기는 일과 오래 사는 평범한 삶 중에서 명예로운 죽음을 선택한다. 그는 자신의 자존심 그리고 친구 파트로클로스의 죽음으로 분노하여 헥토르를 죽이지만 그 과정에서 인간적 연민과 슬픔, 삶의 덧없음을 깨닫는다. 아킬레우스는 트로이 전쟁을 통해서 소중한 이를 잃는 슬픔과 증오의 복수, 그리고 자신의 오만 등 인간의 나약하고 복잡한 감정과 한계를 느끼고 깨달으며 명예와 복수보다는 용서와 연민 그리고 인간 간의 유대가 중요하다는 것을 깨닫는다.

헤라클레스는 자신의 죄를 속죄하기 위해 고난을 겪는데, 그 과정에서 자신이 지은 죄를 인정하고 그 죄에 책임을 다하려는 정정당당한 자세를 보여 준다. 그리고 고난을 이겨 내기 위해서는 끈기와 주변의 협력도 필요하다는 것을 인정한다. 결국에는 영웅이란 타인을 위한 헌신과 희생에서 출발한다는 것을 깨닫는다.

길가메시는 죽음이 있는 유한한 인간의 삶을 받아들이고 살아 있는 동안의 삶을 알차고 뜻있게 보낸다.

신화 속 영웅들의 정체성과 추구했던 가치관은 비슷하면서도 다르다. 카르나는 자신의 신념을 지키고 자유를 얻고자 했고, 바리공주는 자신의 존재 이유를 찾고자 했다. 아킬레우스는 슬픔과 분노 그리고 연민과 공허를 느낀다. 헤라클레스는 책임을 다하는 자세와 끈기, 협력의 중요성을 그리고 헌신과 희생의 가치에 대해서 깨닫는다. 영웅들이 신들과 인간들 사이에서 자신의 자리를 찾아가는 과정은 고난의 연속이었다. 그 속에서 복잡하고 다양한 감정을 정리하며 버릴 것은 버리고 받아들일 것은 받아들이며 자신들이 중요하다고 여기는 것을 지켜 나가고자 하는 신념을 보인다. 영웅들은 각자의 경험을 바탕으로 자신의 내면을 깊게 고찰하면서 자신에게 맞는 삶의 철학을 찾아 갔다. 그렇다면 우리도 휴머노이드라는 새로운 존재를 맞아 희망과 두려움으로 혼란스러워하기보다는 자신의 내면 깊은 곳을 되돌아보며 자신이 어떤 인간이 되고 싶은가 질문해 보는 것이, 자신이 추구하는 정체성을 찾는 첫걸음이 되지 않을까?

참고문헌

김영(2022). 《여섯 가지 키워드로 읽은 인도신화 강의》. 북튜브.
리들리 스콧(1982). 〈블레이드 러너〉.
리들리 스콧(2012). 〈프로메테우스〉.
리들리 스콧(2017). 〈에일리언 커버넌트〉.
비야사(2005). 《마하바라타》. 주해신 옮김. 민족사.
우라사와 나오키 외(2023). 〈플루토〉.
정재서 외(2023). 《신화적 상상력과 문화》. 이화여자대학교출판문화원.
황천춘(2020). 《한 권으로 읽은 인도신화》. 정주은 옮김. 불광출판사.

10

AI가 묻고 신화가 답하다

인공지능 AI의 출현은 인간 사회 전반에 새로운 변화를 가져오고 있다. 언제나 변화는 기회를 가져다주기도 하지만 동시에 혼란을 야기하기도 한다. 변화할 시대를 맞이함에 앞서 미래를 예측하고 대응하기 위해 신화 속에서 대안을 찾는 것도 좋은 방법이 될 것이다. 신화는 인류의 과거와 현재 그리고 미래를 관통하는 인간의 경험과 지혜 그리고 혜안이 고스란히 녹아 흐르고 있기 때문이다.

종교와 AI?

현재의 변화에 대해서

AI는 산업 자동화 분야, 금융 및 의료 분야, 교육과 맞춤형 서비스 분야에서 혁신적인 변화를 일으키고 있다. 서비스업에서는 AI 기반 챗봇, 음성 인식 시스템, 무인 주문 시스템 등을 활용해 고객 응대와 매장 운영을 자동화하고 있다. 서비스의 자동화뿐 아니라 최근에는 주인이 없는 무인 매장, 무인 카페 등도 생겨나고 있다. 이런 변화는 기존 서비스 직종에 근무했던 인력 감소를 초래했다. 대신 AI 운영 및 유지 보수 등 새로운 직무가 생겨나고 있다.

금융업에서는 AI 기반 투자 서비스가 시도되고 있고 자산 관리와 투자 자문 등이 자동화되고 있다. 의료 분야에서도 AI가 영상 촬영을 분석하고 암 진단 등 조기 진단 분야에서 높은 정확도를 보이며, 환자 개개인 맞춤형 치료 계획 수립에도 활용되고 있다. 이 외에도 교육과 맞춤형 서비스에서도 AI는 학생별 학습 데이터를 분석해 개인화된 교육 콘텐츠를 제공하고, 스마트폰을 비롯해 가전 등에서는 사용자의 생활 습관에 맞춘 맞춤형 서비스를 실현하고 있다. 외국어 활용 부분인 번역과 여행 통역에도 활용되어 이미 많은 분야에 새로운 변화를 일으키고 있다.

AI가 일상생활 전반에 활용되기 시작하는 현재의 변화를 바라보며 우리는 판도라의 상자 또는 탈로스 신화를 떠올리게 된다. 탈로스는 그리스 로마 신화에 나오는 청동 거인이다. 크레타섬을 지키던 거대한 청동 거인인 탈로스에 대해서는, 대장장이 신 헤파이스토스가 제작했고, 이 거인을 제우스가 크레타의 왕 미노스에게 선물했다는 설과, 미노스 왕의 명령으로 다이달로스가 만들었다는 설이 있다.

탈로스는 하루에 세 번 크레타섬을 돌며 외부의 침입을 막았다. 탈로스의 몸에는 목에서부터 발뒤꿈치까지 이어지는 단 하나의 혈관이 있었는데, 그 끝은 청동 못으로 막혀 있었다. 이 부분이 탈로스의 유일한 약점이었다. 이후 아르고호 원정대가 크레타섬에 도착하고 탈로스가 그들을 막으려 했으나, 마법사 메데이아가 탈로스에게 마법을 걸어 정신을 못 차리게 하고는 그의 발목에 박혀 있던 청동 못을 빼냈다. 탈로스의 혈관이 열리자 신들의 피가 빠져나왔고 탈로스는 결국 죽었다.

판도라의 상자나 탈로스는 새로운 것의 양면성을 보여 준다. 온갖 재앙이 빠져나갔지만 희망도 같은 상자에 있었고, 거대한 청동 거인 탈로스는 미노스 왕의 든든한 보호막이었으나, 아르고호 원정대에게는 반드시 물리쳐야 할 장애물이자 고난이었다. 이 신화들은 새로운 변화가 우리에게 가져올 긍정적인 면과 부정적인 면을 잘 살펴봐야 한다고 알려 주고 있는 것 같다. 기술의 양면성과 예측 불가능한 결과에 대해 경계해야 함도 알려 주고 있다. AI 기술의 효율성과 함께 위험성도 인지하면서 예상 가능한 위험성을 보완할 방안을 마련한다면 변화에 따른 막연한 두려움은 줄어들지 않을까?

가까운 미래에 다가올 변화에 대해서

올해 테슬라에서 인간형 휴머노이드 '옵티머스'가 출시될 예정이다. 앞으로 가까운 미래에는 AI 비서가 가족의 규모와 생활 습관 그리고 일정에 맞춰 집 안 환경을 자동으로 조절하고, 자율주행차가 보편적인 이동 수단이 될 것이다. 자연어 처리 능력이 급속도로 발전해 음성 비서가 번역과 통역뿐 아니라 복잡한 업무까지 처리해 줄 것이다.

의료 분야에서도 AI가 유전자 정보나 환경 데이터를 분석해 개인 맞춤별 치료를 추천하고, 신약과 난치병의 새로운 치료 방법에 동원되어 인간 수명 연장에 많은 도움을 줄 것이다.

산업 및 사회 전반 시스템이 자동화될 것이다. 제조,

물류, 유통, 금융 분야에서 AI 기반 분석과 자동화 시스템으로 생산의 효율성이 급증할 것이다. 또 AI가 사용자 취향을 더욱더 정교하게 분석, 파악해 영화, 애니메이션, 음악, 게임 등 콘텐츠를 제공하고 가상 현실은 더욱더 현실감 있게 재현되어 몰입감 있는 영상 콘텐츠를 체험할 수 있을 것이다.

일상생활 속에서 더 많은 변화가 일어날 것을 예상하면 신화 속 영웅들이 떠오른다. 일상생활에서 벗어나 새로운 모험 속으로 들어간 영웅들. 바리공주가 그러했고, 헤라클레스, 테세우스 등 수많은 동서양 신화 속의 영웅들은 그들이 익숙했던 환경에서 벗어나 새로운 변화를 맞이했다. 우리 또한 원하든 원하지 않든 가까운 미래에는 더 많은 변화를 겪을 것이다. 그 변화는 일상생활뿐 아니라 우리의 미래 계획과 꿈에도 많은 영향을 미칠 것이다. 이 변화에 실망하거나 좌절할지도 모른다. 그러나 영웅들이 그러했듯, 포기하지 않고 깨달음을 통해 자신의 자리를 찾아간 과정을 눈여겨보는 것은 어떨까? 영웅들의 모험담을 통해 얻은 깨달음과 지혜를 발판 삼아 우리 자신의 삶도 잘 이끌어 간다면 우리도 영웅의 삶 근처에 닿을 수 있을 것이다.

먼 미래에 발생할지도 모를 변화에 대해서

먼 미래에는 AI를 통해 도시 인프라, 교통 체계, 에너지 관리 등 전 영역에서 없어서는 안 될 관리 서비스 체계를 구축해 인간 삶을 전반적으로 지원하고 관리할 것이다. 집집마다 휴머노이드 로봇 가정부가 있고, 반려견 산책 로봇이 있을 것이다. 여행은 각종 수속을 대신 해 주고, 짐도 들어 주고, 보디가드도 해 주는 로봇 비서와 같이 갈 것이다. 여행의 소중한 순간은 로봇 비서가 다양한 각도에서 촬영하여 영상으로 또는 사진으로 남겨 줄 것이다.

인간과 AI의 협업으로 환경 문제, 질병 문제, 빈곤 문제 등이 상당 부분 해결될 것이다. 또한 AI의 자율성과 의사 결정 범위가 확대되고 책임 소재와 윤리적 판단에 대한 논쟁도 심화할 것이다.

영화 〈써니〉(2011)를 보면 춘화가 1986년의 미래를 예상하는 장면이 나온다.

> "미래에는 전화를 가지고 다니며 서로 얼굴을 보면서 통화를 할 수 있대."
>
> "웃긴다. 그럼 물도 사 먹는 시대가 오겠다."
>
> 그러면서 소녀들은 어이없어하며 웃는다.

“전화기를 들고 다니면서 통화를 하는 거지 길거리에서.”

“무겁지 않을까?”

“작은 게 나오겠지. 컴퓨터도 막 들고 다닐 거야. 거기서 편지도 쓰고, 라디오도 보고 미랜데.”

당시 소녀들은 자신들의 상상이 허황하게 느껴졌을 것이다. 하지만 나이가 든 지금, 그때 춘화가 예상했던 미래는 현실이 되었고 그들의 일상생활이 되었다. 지금까지 여기서 우리가 같이 이야기하고 고민했던 변화도 가까운 미래 또는 먼 미래의 모습으로 다가와 우리의 일상이 될지로 모를 일이다.

신화는 인간이 이해할 수 없는 변화와 위험, 죽음을 설명하고 욕망과 야망을 통제하며, 공포와 두려움에 맞설 용기를 주는 집단적 상상력의 산물이다. AI가 가져올 새로운 변화가 우리를 행복하고 희망찬 미래로 안내할지 암울하고 절망적인 미래로 안내할지는 AI를 대하는 현재 우리의 자세에 달려 있을 것이다. 신화 속의 수많은 이야기는 새로운 변화와 인류의 선택에 따른 결과를 미리 보여 준다. 따라서 신화 속에서의 선한 상상력과 의지로 AI의 새로운 변화를 받아들인다면 AI는 희망적인 미래로의 열쇠로 그 역할을 다할 것이라고 본다.

참고문헌

강형철(2011). 〈써니〉.

김형민 외(2021). 《그리스 로마 신화 인물사전》. 한국인문고전연구소.

이경하(2019). 《바리공주/바리데기》. 서울대학교출판문화원.

정재서 외(2023). 《신화적 상상력과 문화》. 이화여자대학교출판문화원.

김진영

세종대학교 만화애니메이션텍 전공 초빙교수다. 중앙대학교에서 영상학 박사학위를 받았다. 영상학에 종사하면서 최근 AI의 열풍과 영상 속 신화 소재 작품 증가에 관심을 가지기 시작했다. 그리고 점점 더 신화의 매력에 빠져들었다. 최근에는 신화뿐 아니라 민간 신앙과 전설에도 관심을 가지고, 신화와 전설 그리고 영상 매체에 대해서 연구하고 있다. 최근 연구로는 "신화와 프로파간다: 중국 애니메이션 사례를 중심으로"(2023), "왕양명의 지행합일과 중국 전통 캐릭터 나타의 자아 성찰"(2023), "신(新)중국애니메이션학파 스타일 연구 중국학파애니메이션과의 비교를 중심으로"(2024) 등이 있고, 번역서로는 《휘얼: 사막의 어미늑대 이야기》(2023) 등이 있다.